Claudia Ludwig

Tiere suchen ein Zuhause

Wenn das Haustier stirbt

Vom Umgang mit Tieren, Tod und Trauer

WDR FERNSEHEN

Die Informationen und Ratschläge in diesem Buch sind von Autorin und Verlag nach bestem Wissen und Gewissen sorgfältig erwogen und geprüft, doch Autorin und Verlag übernehmen keinerlei Haftung für etwaige Personen- oder Sachschäden, die sich aus Gebrauch oder Missbrauch der in diesem Buch aufgeführten Ratschläge ergeben.

Die Deutsche Bibliothek – CIP-Einheitsaufnahme

Ludwig, Claudia:
Wenn das Haustier stirbt : vom Umgang mit Tieren, Tod und Trauer / Claudia Ludwig.
– Köln : vgs, 2001 (Tiere suchen ein Zuhause)
ISBN 3-8025-1436-X

Bildquellen:
S. 5: M. Glahn, Kassel; S. 9, 45, 96: Stock Market; S. 11, 41, 51, 77, 79, 83, 105, 111: Pictor International: S. 12: Dr. Gunter Fronemann, Bensheim; S. 15, 16, 28, 34, 49, 65, 121: Mauritius – die Bildagentur; S. 19: Dietmar Seip, Köln; S. 22, 24, 47, 57, 67, 109: Christine Steimer, Wölfersheim; S. 26, 29, 31, 43, 53, 60, 113: Juniors Bildarchiv; S. 37, 39, 63, 81, 91, 93, 102: Claudia Ludwig, Frankfurt; S. 62: Arche Noah Teneriffa e.V.; S. 71, 72, 73, 75: Christine Scheibner; S. 87: Britta Berg, Burscheid; S. 99: Getty Images; S. 101: Hildegard Walzer, Pohlheim; S. 107: Monika Kirschner, Seesbach; S. 114: Susanne Steinlein, René Diehl, Tierschutzverein Bayreuth; S. 117, 118: Tierschutzverein Frankfurt a.M.

Umschlagfoto: Britta Berg, Burscheid
Umschlaggestaltung und Layout: Veronika Richter, Köln
Redaktion: Alexandra Panz
Lektorat: Katja Roth
Produktion: Annette Hillig
Satz und Scans: Punkt für Punkt GmbH, Düsseldorf
Druck: Appl, Wemding
Printed in Germany
ISBN 3-8025-1436-X

Besuchen Sie unsere Homepage: www.vgs.de

Inhalt

 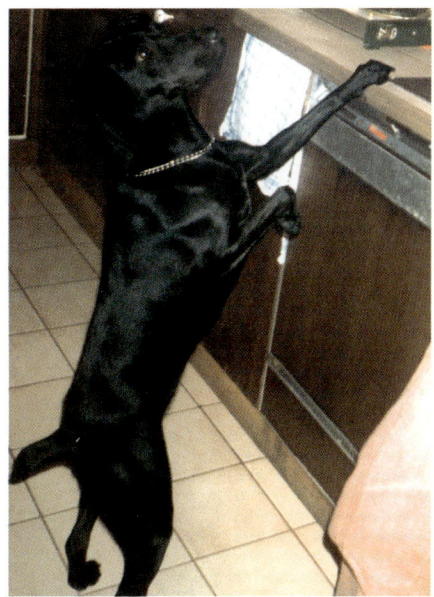

Perro (links) und Benji (rechts) kamen bei einer
Hausdurchsuchung der Kasseler Polizei ums Leben.

Am 7. März 2001 starben in Kassel zwei kleine Mischlings-
hunde. Sie waren alleine zu Hause und starben keines
natürlichen Todes, sondern durch 13 Kugeln eines Einsatz-
kommandos der Kasseler Polizei. Es war der Auftakt einer
juristisch umstrittenen Hausdurchsuchung.

Die beiden Hunde, Perro und Benji, gehörten seit acht
bzw. zehn Jahren zur Familie. Ihnen möchte ich dieses Buch
widmen, damit sowohl die Tiere als auch ein Vorfall wie
dieser nicht vergessen werden.

Einleitung

Es ist eine Tatsache, dass die meisten Tiere im Vergleich zu uns Menschen eine viel geringere Lebenserwartung haben. Ein Hund kann ein Alter zwischen zehn und höchstens 17 Jahren erreichen. Eine Katze wird in der Regel etwas älter und kann mit etwas Glück bis zu 20 Jahre alt werden. Wer sein Leben mit Tieren teilen und bereichern will, der wird also mehrmals schmerzlich Abschied nehmen müssen von einem geliebten vierbeinigen oder gefiederten Familienmitglied.

Doch wie geht man mit der Trauer und Verzweiflung um, die man empfindet, wenn das Haustier gestorben ist? Meist kann man nur mit wenig Trost, Rücksicht und Verständnis seitens der Umgebung rechnen und steht häufig ziemlich alleine mit seinen Gefühlen da. Selbst in der eigenen Familie und im engeren Bekanntenkreis wird es immer Menschen geben, die zumindest eine intensive Trauer um ein Tier nicht nachvollziehen können und mit Sätzen wie „Es war doch nur ein Hund" oder „Du findest sicher eine neue Katze" wenig hilfreich sind.

Dieses Buch soll dabei helfen, sich auf den Tod eines Haustieres vorzubereiten und damit umzugehen. Es informiert Tierhalter über mögliche Gründe und den richtigen Zeitpunkt für eine Euthanasie, über verschiedene Beerdigungsmöglichkeiten und andere Rituale, die hilfreich sein können. Es ist daher nicht nur für trauernde Menschen gedacht, deren Tier bereits gestorben ist, sondern auch für Tierfreunde, deren Tier alt oder krank ist, sodass mit einem Ableben in nicht allzu ferner Zukunft zu rechnen ist.

Daneben möchte ich in diesem Buch Tipps für den Umgang mit der Trauer geben. Tipps, wo und wie man sich Trost holen kann, aber ich möchte auch Perspektiven vorschlagen. Perspektiven, die über den Umgang mit der ersten, akuten Trauer hinausweisen und Anregungen für die Zukunft bieten. Ein solches „Zukunftsprojekt" könnte es beispielsweise sein, einem Tier aus dem Tierheim ein neues Zuhause zu geben.

Dieses Buch kann Ratschläge geben, persönliche Erfahrungen weiterreichen und Geschichten erzählen; Geschichten, die schon deshalb etwas Tröstliches haben, weil sie zeigen, dass Sie nicht alleine sind mit Ihrer Trauer. Und so hoffe ich, dass bereits allein die Lektüre dieses Buches ein wenig Trost spendet, dass es einem um ein Tier trauernden Menschen vielleicht dadurch schon ein wenig besser geht.

Tiere und Menschen

Im folgenden Text lässt es sich manchmal nicht vermeiden, dass Mensch und Tier miteinander verglichen werden. Solche Vergleiche sind mitunter völlig naheliegend und hilfreich, um bestimmte Verhaltensweisen und Gefühle deutlich zu machen. Ich weiß jedoch, dass manch einer darin eine Herabsetzung des Menschen sieht. Dies liegt nicht in meiner Absicht. Es gibt allerdings Parallelen und viele vergleichbare Situationen, die man mit Menschen wie mit Tieren erleben kann. Dazu gehört zum Beispiel die Trauer um einen geliebten Gefährten. Die Trauer selbst ist vergleichbar, das bedeutet aber nicht automatisch eine Gleichsetzung von Mensch und Tier.

Tiere – Was sie uns bedeuten und wie wir mit ihnen umgehen

Natürlich bedeuten Tiere für jeden von uns etwas anderes. Für den einen sind sie reine Nutztiere, seelenlose Geschöpfe, wie auch die tierquälerische Massenhaltung und die Lebendtransporte quer durch den Kontinent tagtäglich beweisen. Jüngstes Beispiel dafür, dass Tiere nicht als leidensfähige Mitgeschöpfe betrachtet werden, waren die vorbeugenden Massenschlachtungen im Zuge der BSE-Krise und der Maul- und Klauenseuche.

Doch selbst dieser Umgang mit unseren Nutztieren sagt noch nicht unbedingt etwas darüber aus, was Haustiere für uns bedeuten – nämlich oft sehr viel. Sie sind Freunde, Gefährten, (Freizeit)Partner und Familienmitglieder. Aber auch da gibt es natürlich Unterschiede: Der eine sperrt seinen Hund in den Zwinger, der andere sucht seinen Urlaubsort samt Hotel danach aus, ob der Hund ein gern

Gerade für Senioren ist der Tod des geliebten Haustiers oft ein schwerer Schlag.

gesehener Gast ist. Der eine lässt die Katze in der Garage übernachten, damit keine Haare auf dem Teppich landen, der andere liegt möglichst regungslos im Bett, weil ja jede seiner Bewegungen die Katze am Fußende stören könnte.

Für viele Tierfreunde kann ein Hund oder eine Katze sogar zum Lebensmittelpunkt werden, beispielsweise für einsame Menschen. Dies gilt besonders für Senioren, die alleine leben: Für sie kann ein Haustier zum Partner und Lebensinhalt werden.

Merlin

Stirbt beispielsweise der Pudel einer alten Dame, mit dem sie zehn Jahre das Leben geteilt hat, ein Hund also, der zwischen Weihnachten und anderen Familienfesten wahrscheinlich die einzige Bezugsperson für sie war, so ist dessen Tod sicherlich genauso schlimm für die Seniorin wie der Tod eines Verwandten, und das ist völlig normal und nachvollziehbar.

Ein Kollege von mir, ein älterer Journalist, lebte beispielsweise mit seinem Hund jahrelang sehr einsam in einem abgelegenen Haus in den Bergen. Tag und Nacht waren die beiden zusammen, nur selten unternahm der Mann etwas ohne seinen Merlin. Als der Hund eingeschläfert

wurde, wunderte sich sein Besitzer darüber, dass er unter
dem Tod eines Tieres so litt. Dabei ist gerade vor diesem
Hintergrund seine intensive Trauer
nur natürlich. Der Tod dieses Hundes   **Er ist plötzlich einfach**
veränderte ja tatsächlich von einem
auf den anderen Tag das Leben sei-   **nicht mehr da!**
nes Menschen. Er ist plötzlich einfach nicht mehr da!
Verfällt hingegen ein ausgelasteter Familienvater über den
Tod seines Hundes so in Trauer, dass er sich nicht mehr um
seine gebrechlichen Eltern oder seine Kinder kümmern kann,
dann ist diese Reaktion sicherlich überzogen und unange-
bracht.
Entscheidend für das Trauergefühl ist also vor allem die
Beziehung, die man zu einem Tier hat. Und daher ist es
auch völlig normal, dass der Tod eines Tieres in bestimmten
Situationen genauso betrauert wird wie der eines Menschen.
Ja, der Tod eines Hunde, mit dem man jahrelang zusammen-
gelebt hat, hinterlässt im eigenen Leben sogar eine größere
Lücke, als wenn ein entfernter Verwandter stirbt.

Der Tod eines Haustieres kann

- ◆ ein entscheidendes Erlebnis sein;
- ◆ starke Trauer auslösen;
- ◆ besonders für alleinstehende Menschen starke
  Auswirkungen haben;
- ◆ vor allem ältere oder einsame Menschen sehr
  belasten.

Tod –
Wie ist das Tier
gestorben?

*Für die Trauer ist es nicht unwesentlich,
wie ein Tier gestorben ist.*

Natürlicher Tod und Altersschwäche

Hat ein Tier seine natürliche Lebenserwartung erreicht und
ist dann gestorben oder musste eingeschläfert werden, so
fällt es den Besitzern sicher leichter, den Verlust zu verkraften. Denn ist ein Tier an Altersschwäche oder zumindest
in hohem Alter gestorben, so war daran einfach nichts zu
ändern, und damit muss und kann man sich abfinden.

*Katzen, denen man einerseits nachsagt, sie hätten neun
Leben, infizieren sich andererseits oft mit Viruserkrankungen.*

Genau wie Menschen können auch Haustiere viele verschiedene Krankheiten bekommen, wovon einige, z. B. Krebs, unheilbar sind. Auch an Herzkrankheiten leiden Tiere häufig oder mitunter sogar an epileptischen Anfällen. Aber Tiere können nicht nur zum Teil die gleichen Krankheiten bekommen wie wir Menschen, sondern darüber hinaus selbstverständlich noch einige andere, die typisch für ihreArt sind. Katzen z. B. infizieren sich häufig mit unheilbaren Viruserkrankungen:

Die wichtigsten Katzenkrankheiten sind:

◆ Katzenschnupfen; dagegen wird routinemäßig geimpft;
◆ Leukose: FeLV = Felines Leukosevirus; eine Impfung ist möglich, aber kein ganz sicherer Infektionsschutz;
◆ FIP = Feline infektiöse Peritonitis; die Erfolgschancen einer Impfung sind sehr umstritten;
◆ Katzen-Aids: FIV bzw. Felines Immunschwäche-Virus; hiergegen gibt es (noch) keinen Impfstoff.

Auf diese Krankheiten, die in jedem Fall früher oder später zum Tod fuhren, möchte ich hier nicht näher eingehen. Erwähnt sei nur, dass sie für Katzen sehr ansteckend sind. Im Falle eines erkrankten oder gar verstorbenen Tieres können sich also auch andere Katzen desselben Haushaltes oder der näheren Umgebung infiziert haben. Ganz wichtig: Für Menschen oder andere Tiere wie z. B. Hunde gilt das jedoch nicht.

Die Tatsache, dass ein Tier infiziert ist, ist, solange die Krankheit mit all ihren Beschwerden noch nicht ausgebrochen ist, zunächst noch kein Grund, ein Tier einzuschläfern.

Es gibt einige ganz seltene Krankheiten, die oft entsprechend spät erkannt werden, mitunter so spät, dass es für eine Therapie oder gar Heilung zu spät ist. Einige Krankheiten sind sogar für erfahrene Tierärzte kaum zu erkennen, weil sie so selten vorkommen (siehe Seite 17).

Fazit

Sobald Sie wissen, dass ihre Katze Virusträger einer der vorgenannten Krankheiten ist, darf sie keinesfalls mehr Freigang genießen, auch wenn das für alle Beteiligten mitunter sehr schwierig ist. Die Tatsache, dass ein Tier infiziert ist, ist, solange die Krankheit mit all ihren Beschwerden noch nicht ausgebrochen ist, jedoch zunächst noch kein Grund, ein Tier einzuschläfern. Das sollte man erst tun, wenn die Katze leidet, und das kann erfahrungsgemäß erst Jahre nach der Infektion eintreten.

Bei den Caniden, also den Hunden, gibt es kein Pendant zu den bereits genannten Katzenviruskrankheiten, gegen Staupe, Leptospirose, Parvovirose, Hepatitis c.c. und Tollwut wird in aller Regel routinemäßig geimpft (Fünffachimpfung).

Ist Ihr Tier an einer schweren Krankheit gestorben?

◆ Machen Sie sich nicht immer wieder Vorwürfe, die Krankheit nicht rechtzeitig erkannt zu haben;

◆ wichtig ist auch, dass Sie bei der Pflege des kranken Tieres nichts versäumt haben;

◆ lernen Sie aus der Katastrophe, indem Sie in Zukunft etwas genauer hinschauen;

◆ lassen Sie Ihr Tier in Zukunft regelmäßig gegen die bekannten Krankheiten impfen, bei denen eine Impfung im Falle Ihres Tieres sinnvoll ist (reine Wohnungskatzen brauchen weniger Impfungen als Freigänger);

◆ beraten Sie sich für einen Rundumschutz mit Ihrem Tierarzt.

Fanias Schicksal

Auch eine meiner beiden Hündinnen – Fania – leidet an einer, nach dem momentanen Stand der Forschung, unheilbaren Krankheit, und zwar an Leishmaniose. Nicht zuletzt deshalb haben wir die herrenlose Hündin behalten, statt sie zur Vermittlung anzubieten, obwohl erfreulicherweise immer wieder Tierfreunde bereit sind, auch solch ein Tier zu adoptieren. Wie gehen wir nun mit der Krankheit um?

Auch unsere Fania leidet an einer unheilbaren Krankheit, die aber zum Glück bis jetzt noch nicht wieder ausgebrochen ist.

Wir wissen, dass unsere Fania mit Erregern, in diesem Fall keine Viren wie bei den aufgezählten Katzenkrankheiten, sondern Einzeller, infiziert ist. Diese Einzeller werden durch Insekten verbreitet, die in unseren Breiten nicht vorkommen, sodass auch keine Ansteckungsgefahr für uns oder unsere anderen Tiere besteht. Aber irgendwann kann diese Krankheit eben einmal ausbrechen.

Wenn das passiert, kann die Leishmaniose behandelt werden, aber nicht geheilt, d. h. wenigstens die damit verbundenen Beschwerden werden mehr oder weniger erfolgreich bekämpft, das Leiden gelindert und das Leben entsprechend verlängert. Trotzdem kann es aber im schlimmsten Falle dazu kommen, dass unsere Hündin nicht so alt wird, wie wir es gerne hätten. Wir wissen das, ebenso unsere Kinder, auch wenn wir nicht ununterbrochen an diese Möglichkeit denken. Hätten wir deshalb diese Hündin nicht aufnehmen sollen? Hätten wir sie stattdessen einem ungewissen Schicksal überlassen sollen? Nein! Jedes Haustier muss einmal sterben, früher oder später. Und falls die Lebenserwartung eben aus irgendeinem Grund geringer ausfällt, so ist dies viel eher ein Grund mehr, einem Tier dieses kürzere Leben so schön wie möglich zu gestalten.

Ein plötzlicher Unfall

Lieber ein kurzer und schneller, möglichst schmerzfreier Tod als eine lange Krankheit? Dass einem Tier eine Zeit der Krankheit oder gar eine des Leidens erspart geblieben ist, ist der einzige Vorteil eines Unfalltodes. Abgesehen davon ist ein plötzlicher Tod durch ein Unglück für die Hinterbliebenen allerdings das Schlimmste, was passieren kann.

Keine anhaltenden oder gar unbegründeten Selbstvorwürfe

◆ Analysieren Sie, was genau passiert ist!
◆ Wie hätten Sie überhaupt eingreifen/verhindern können?
◆ Was können Sie aus dem Geschehenen für künftige Situationen lernen?

Denn es trifft einen völlig unerwartet und unvorbereitet. Sehr oft hat das verunglückte Tier noch kein hohes Alter erreicht. Möglicherweise trifft die Besitzer des Tieres sogar eine Mitschuld an dem Unfall. Was kann da noch trösten? Dass man auch mit solch einer Situation nicht alleine dasteht? Dass auch anderen so etwas passiert und leider immer wieder passieren wird?

Schuldgefühle

Es gibt eine Reihe von typischen Unfällen mit Tieren, die vermeidbar gewesen wären, wenn wir Menschen und Tierhalter besser aufgepasst hätten.

Unser Schnurz

Als ich elf Jahre alt war, wurde beispielsweise unser Hund Schnurz vor meinen Augen überfahren. Er war noch sehr jung und fast blind. Bis zu diesem Vorfall hatte er immer gut gehorcht, daher ließ ich ihn im Wald von der Leine. Er war erst sechs Monate alt, und ich hatte seinen Jagdinstinkt unterschätzt. Als er eine Fährte aufgenommen hatte, schoss er plötzlich los. Kein Rufen meinerseits konnte ihn aufhalten, und er rannte bis zur nächsten stark befahrenen Straße, direkt in ein Auto.

Meine Schuldgefühle waren stark und hielten jahrelang an. Doch natürlich habe ich aus der Katastrophe gelernt. Noch heute bin ich in der Nähe von Straßen mit meinen Hunden extrem vorsichtig und rufe sie, falls sie unangeleint sind, rechtzeitig zurück. Ansonsten bestätigt sich immer wieder die Binsenweisheit, dass je besser ein Hund erzogen, umso geringer die Wahrscheinlichkeit ist, dass er einem (Verkehrs)Unfall zum Opfer fällt.

Ein „neuer" älterer Setter

Eine schöne Idee: Das Ehepaar entschloss sich, einem Setter aus dem Tierheim ein neues Zuhause zu geben.

Eine Zuschauerin schrieb mir einmal einen Brief, den ich in diesem Zusammenhang sehr interessant finde: Sie liebte Irish Setter über alles und hatte immer einen Hund dieser Rasse. Im Laufe der Jahre waren es mehrere, die sie immer als Welpen vom Züchter geholt hatte. Eines Tages wurde der „derzeitige" Setter überfahren. Die Halterin und ihr Mann gaben sich zumindest eine Mitschuld und kamen dadurch auf einen ganz neuen Gedanken: Wenn ihr Setter durch ihren Fehler nun leider nicht sehr alt geworden war, sollte jetzt ein armer Hund aus dem Tierheim dessen Platz einnehmen. Damit konnten sie wenigstens einen anderen Hund „retten" bzw. ihm ein gutes Zuhause geben. Auf diese Weise kann sich berechtigte intensive Trauer in sinnvolle Aktivität verwandeln. Der tragische Unfalltod des Setters hat wenigstens einen anderen, einen bis dahin bedauernswerten Vertreter dieser Rasse glücklich gemacht. Solch eine sinnvolle Entscheidung kann hilfreich sein, beruhigen und die Trauer erleichtern.

Eine neue Katze

Eine Kollegin vom *HR*, die eine große Katzenliebhaberin ist und immer mehrere Stubentiger gleichzeitig hält, hat schon einige Abschiede von ihren Samtpfoten durchlebt. Einmal nahm sie eine Katze auf, die mit einer tödlichen Viruskrankheit (vgl. S. 17) infiziert war und alle anderen Katzen im Haushalt ansteckte. Sie starben schließlich alle nacheinander. Trotz dieser schlimmen Erfahrung kam der Tierfreundin nie der Gedanke, nun keine Katzen mehr zu halten. Kürzlich starb überraschend einer ihrer beiden Kater. Der andere ist jedoch schon sehr alt und wird wohl auch nicht mehr lange leben. So beschloss die Kollegin, sich eine „neue" Katze vom Verein *Arche Noah* Teneriffa zu holen. Die hessischen Tierschützer arbeiten auf der größten Kanaren-Insel zwar vorbildlich, ersticken aber trotzdem geradezu in bildschönen Katzen, da auf der Insel kaum gute Vermittlungschancen bestehen.

Gefahrenquellen – Wie tödliche Unfälle vermieden werden können

Auch wenn dieses Buch vom Umgang mit dem Tod von Tieren handelt, so sei doch ein kleiner Exkurs gestattet, der vielleicht dazu beitragen kann, dass ein paar tödliche Unfälle weniger passieren. Auf die Gefahr, dass ein Tier überfahren werden könnte, möchte ich jedoch nicht weiter eingehen. Denn ich denke, in diesem Falle ist es relativ klar und einfach, wie so etwas vermieden werden kann. Anders verhält es sich bei Unfällen, mit denen man weniger oder gar nicht rechnet.

Auch Wohnungskatzen können auf vielfältige Weise verunglücken.

Viele Wohnungskatzen verunglücken, weil ein Fenster nicht sorgfältig verschlossen ist.

Von diesen Unfällen sind vor allem Katzen betroffen.
Nicht nur Freigänger-Katzen sind aus verschiedenen Gründen häufig gefährdet. Auch Wohnungskatzen können auf vielfältige Weise verunglücken. Und weil dies gerade in den eigenen – vermeintlich sicheren – vier Wänden keiner vermutet, lauert genau hier die Gefahr.

Das Kippfenster unbedingt vermeiden!

Ein Klassiker ist das Kippfenster. Falls Sie eine Wohnungskatze halten, die nicht nach draußen darf, kontrollieren
Sie sicherheitshalber vor jedem Verlassen der Wohnung,
ob auch wirklich alle Fenster und Balkontüren richtig
geschlossen sind. Bei einer Jungkatze kann es sogar sinnvoll
sein zu prüfen, ob die Toilettendeckel geschlossen sind.
Sie könnte hineinspringen oder -fallen und nicht mehr
alleine herauskommen.

Waschmaschinen, Wäschetrockner und Spülautomaten

Eine weitere häufige Todesursache sind nach wie vor Waschmaschinen und Wäschetrockner. Katzen, gerade Wohnungskatzen, die nie nach draußen kommen,
sind im Haus sehr neugierig und klettern in alles hinein, was ihnen interessant vorkommt. Lassen Sie daher niemals die Tür oder den Deckel einer
Waschmaschine, einer Schleuder oder
eines Wäschetrockners offen stehen.
Sind Sie sich mal nicht ganz sicher,
ob das wirklich gelungen ist, verge-
wissern Sie sich, bevor Sie ein Gerät einschalten, ob sich auch
wirklich keiner Ihrer Stubentiger darin befindet.

> Lassen Sie niemals die Tür oder den Deckel einer Waschmaschine, einer Schleuder oder eines Wäschetrockners offen stehen.

Ein besonders tragischer Fall

In meinem Bekanntenkreis spielte sich der folgende Fall ab:
Ein junger, erst einjähriger Kater, der nach vielen Krankheiten und Leid gerade vollständig genesen und endlich
wieder lebensfroh geworden war, ist tatsächlich in einem
unbeobachteten Moment in die Waschmaschine geklettert

Vorsicht ist auch bei Katzen und Waschmaschinen geboten.

und darin ums Leben gekommen. Was war passiert? Die
Tochter war krank und hatte sich ein paar Mal übergeben.
Die Eltern zogen mehrmals das Bettzeug ab und stopften
es in die Waschmaschine. Und einmal ließen sie einen
Moment lang die Tür offen stehen, weil die Tochter nach
ihnen rief. Diesen Moment hat der Kater genutzt, um in die

Maschine zu schlüpfen. Keiner hatte es bemerkt, und das Tier starb einen grauenvollen Tod. Die Besitzer machen sich noch immer die schlimmsten Vorwürfe.

Ein weiteres Beispiel, das allerdings gut ausging

Eine kleine Katze war unbemerkt in eine Spülmaschine gekrabbelt, deren Klappe einen Moment lang offen stand. Klar, das ist natürlich verlockend, schon wegen der verführerischen Gerüche der Essensreste am Geschirr. Welche Samtpfote mag da nicht einmal an den Tellern schnuppern oder über die Schüsseln lecken? Die kleine Katze hat nur durch einen glücklichen Zufall überlebt, denn ihr Besitzer wollte nachträglich noch ein paar Löffel hinzufügen und öffnete dazu die Maschine trotz bereits gestarteten Programms. Er wunderte sich über den grauen Lappen auf den Gläsern. Es war die kleine Katze, die bereits das Bewusstsein verloren, aber Glück im Unglück hatte, und durch sofortige Reanimation und Arztbesuch wieder zu sich kam und gesund wurde.

Gehen Sie richtig mit Unfällen um:

◆ Sprechen Sie über solche Vorkommnisse, Sie können andere dadurch warnen;

◆ gerade in Stress-Situationen, in denen vieles gleichzeitig auf Sie einstürmt, müssen Sie doppelt vorsichtig sein und überlegt handeln;

◆ fertigen Sie eine Checkliste wie auf Seite 30 an: Welche Schwachpunkte und Fallen gibt es in Ihrem Haushalt?

Auch im Garten lauern Gefahren!

Auch im eigenen Garten sind die gefiederten oder vierbeinigen Freunde einigen Gefahren ausgesetzt. Unsere Freigängerkatze Paquita beispielsweise ist in einer Regentonne ertrunken, weil wir ein einziges Mal vergessen hatten, deren Deckel zu schließen. Ein solcher Unfall kann also sogar selbst dann passieren, wenn man um die Gefahren weiß.

Bitte die Regentonne immer(!) fest mit einem Deckel verschließen oder ein Holzbrett hineinstellen, an dem die Tiere einfach wieder hinaus klettern können.

Manchmal reicht ein einziger unbedachter Moment oder ein unglücklicher Zufall oder beides zusammen!

Regentonnen sollten also immer abgedeckt sein, oder noch besser ist es, ein Holzbrett in die Tonne zu stellen, an dem Tiere, die hineinfallen – nämlich auch andere Gartenbewohner, Wildtiere wie Eichhörnchen, Igel, Vögel – ganz einfach wieder hinaus klettern können.

Dagegen kann eine Regentonne mit Gitterabdeckung nach wie vor für Vögel oder andere kleine Tiere zur tödlichen Falle werden!

Überhitzte Autos

Es ist erstaunlich, wie viele geradezu klassische Unfälle und Katastrophen allen Warnungen zum Trotz immer wieder passieren: Kürzlich rief mich ein todunglücklicher Herr im Sender an. Er suchte einen neuen Hund, da seiner gerade verstorben war. Natürlich fragte ich während des Gespräches auch nach der Todesursache: „War er denn krank?" Der Mann wurde immer unglücklicher und „gestand" schließlich: Er hatte einen Kunden besucht, den Hund im Auto gelassen und ihn dann später tot dort gefunden. Er betonte, dass das Auto mit offenen Fenstern im Schatten gestanden habe usw. Er habe jede halbe Stunde nach dem Tier gesehen, und der Hund sei stets wohlauf gewesen. Beim letzten Kontrollieren dann allerdings nicht mehr.

Lassen Sie Ihren Hund niemals für längere Zeit alleine im Auto. Im Sommer erreichen die Fahrzeuge im Inneren unheimlich hohe Temperaturen.

So könnte Ihre persönliche Checkliste für die Gefahrenquellen in Ihrem Haushalt aussehen:

◆ Waschmaschine, Trockner und Spülmaschine stets geschlossen halten und sicherheitshalber trotzdem vor Inbetriebnahme immer noch einmal nachsehen, ob auch wirklich kein Haustier hineingeschlüpft ist!

◆ Ist der Balkon „sprungsicher" für Katzen? Es gibt spezielle Katzennetze für Balkone.

◆ Haben Sie alle (Kipp)Fenster verschlossen, bevor Sie Katzen unbeaufsichtigt in der Wohnung zurücklassen?

◆ Sind die Toilettendeckel oder -türen geschlossen, wenn Sie die Wohnung verlassen?

◆ Ist die Regentonne abgedeckt?/Steht ein Holzbrett drin?

◆ Keine für Tiere interessanten Gegenstände auf dem Boden oder sonstwie erreichbar herumliegen lassen, die unbeaufsichtigte Hausgenossen während Ihrer Abwesenheit verschlucken und daran im schlimmsten Fall ersticken könnten?

◆ Freifliegende Vögel können hinter Schrankwänden abstürzen und ohne Hilfe nicht mehr herauskommen.

◆ Vor allem Nager neigen dazu, Kabel aller Art anzunagen, was lebensgefährlich ist; daher Kaninchen, Meerschweinchen, Hamster & Co. während ihres wohlverdienten Freigangs in der Wohnung nicht unbeaufsichtigt lassen.

Jahreszeitlich bedingte Fallen

Einige Fallen in unseren Haushalten sind deshalb besonders tückisch, weil sie saisonal bedingt sind und wir nicht ständig damit umzugehen haben.

Achten Sie auf ungiftigen Christbaumschmuck.

◆ *An Weihnachten*: Achten Sie auf ungiftigen Christbaumschmuck. Katzen spielen gerne mit Lametta und anderem Zierrat und verschlucken mitunter so manches Teil.

◆ *An Silvester*: Passen Sie auf Ihre Haustiere während der alljährlichen Knallerei besonders gut auf und lassen Sie ängstliche und schreckhafte Naturen nicht alleine zu Hause! Sperren Sie Freigänger-Katzen unbedingt rechtzeitig vorher ein.

◆ *An Ostern*: Versuchen Sie, etwaige Wildtiere, wie Igel, die in einem Reisig- oder Holzhaufen ein Versteck gefunden haben könnten, aus diesem Versteck zu scheuchen, bevor ein Osterfeuer entzündet wird.

◆ *Im Sommer*. Bitte lassen Sie keinen alten, kranken oder untrainierten (schwarzen) Hund während der Mittagshitze neben dem Fahrrad herlaufen, und lassen Sie kein Tier im geparkten Auto zurück! Selbst wenn das Auto im Schatten und mit geöffneten Fenstern abgestellt worden ist, so heizt sich der Metallkasten über die Maßen auf und, viel schneller, als man denkt, nimmt der Innenraum unerträgliche Temperaturen an.

> Einige Fallen in unseren Haushalten sind deshalb besonders tückisch, weil wir nur zu bestimmten Jahreszeiten damit konfrontiert werden.

Ungeklärte Todesursachen – offene Fragen

Häufig bleiben Katzen vermisst. Freigänger kommen vom einen auf den anderen Tag einfach nicht mehr zurück. Das ist entsetzlich, denn zum schmerzlichen Verlust kommen die nagende Ungewissheit und die Frage: Was ist unserer Katze passiert? Ist sie tot? Und falls ja, woran ist sie gestorben?

Viele Katzenhalter vermuten dann oft schlimmste Tierquälerei. Das ist natürlich nicht auszuschließen und kommt mit Sicherheit auch leider immer wieder vor. Dennoch ziehe ich aus meinen bisherigen Erfahrungen inzwischen den Schluss, dass unglaublich viele (Freigänger-)Katzen schlichtweg verunglücken.

Es gibt sehr viele Gefahren, denen Katzen ausgesetzt sind; sie werden überfahren, ertrinken in irgendeiner Regentonne oder einem anderen Behälter, geraten in Fallen oder werden von Hunden, Mardern oder anderen Feinden aus dem Tierreich erwischt.

Selbst wenn Ihr totes Tier gefunden wird, so erkennt man die Todesursache nicht unbedingt. Mitunter sieht der Körper völlig unverletzt aus, und wenn er nicht gerade am Straßenrand lag, sondern vielleicht auf einer Wiese, im Garten oder unter Bäumen, weiß man immer noch nicht unbedingt, was passiert ist. Falls Sie den Verdacht haben, Ihr Tier sei vergiftet worden oder aus sonstigen Gründen gerne Klarheit hätten, können Sie eine Obduktion veranlassen und sich hierfür entweder über Ihren Tierarzt oder gleich direkt an die Pathologie einer Universitätsklinik oder ein Staatliches Veterinäruntersuchungsamt wenden, wo die Analyse der Todesursache dann vorgenommen wird. Allerdings bedeutet das, dass die Leiche auf jeden Fall in der Tierkörperverwertungsanstalt landet (vgl. S. 115).

Je nach Aufwand der Untersuchung, also auch je nachdem, wonach gefahndet wird (Gift, Bakterien, Viren, Tumore u. a.), kostet das unabhängig davon, ob es sich um einen Hund oder eine Katze handelt, zwischen 40 und 100 DM.

Denn z. B. wenn Sie noch weitere Katzen haben, ist es sicherlich wichtig zu wissen, ob Ihr verstorbenes Tier an einer – vielleicht für Artgenossen ansteckenden – Krankheit gestorben ist (vgl. Viruskrankheiten S. 17), an der sich evtl. bereits andere Tiere infiziert haben könnten.

Falls sich dieser Verdacht bei der Obduktion bestätigen sollte, verfallen Sie nicht in Panik, sondern lassen Sie, um Gewissheit zu bekommen, die anderen Katzen auf die jeweilige Krankheit testen. Diese Tests sind zwar immer noch nicht hundertprozentig sicher, aber doch relativ aufschlussreich.

Viele Katzen verunglücken im Straßenverkehr.

Verschwunden

Einige Katzen verschwinden einfach. Im harmlosesten Fall haben sie sich verlaufen. Katzen sind bekanntlich extrem neugierig, mitunter geradezu abenteuerlustig. Doch trotz ihres hervorragenden Orientierungssinnes finden sie manchmal nicht mehr nach Hause. Das gilt vor allem für ganz junge Katzen.

Sowohl Kater als auch Kätzinnen sollten natürlich allein schon wegen des bereits existierenden Katzenelends und der Flut herrenloser Tiere in unseren Tierheimen unbedingt kastriert werden.

Dieser Eingriff hat darüber hinaus aber auch noch den großen Vorteil, dass Freigänger dadurch in der Regel etwas häuslicher werden und nicht mehr ganz so dringend, intensiv und entfernt herumstromern wollen.

Mit glücklichem Ausgang

Wir hatten kürzlich in der WDR-Sendung TIERE SUCHEN EIN ZUHAUSE einen Kater vorgestellt, der in einem Essener Linienbus aufgegriffen wurde, natürlich ohne Fahrschein und leider auch ohne Tätowierung oder Mikrochip. Ein Besitzer konnte daher nicht ausfindig gemacht werden; wahrscheinlich war der kleine Ruhrpott-Globetrotter irgendwo ausgesetzt worden. Nun musste er übers Essener Tierheim bzw. unsere Sendung vermittelt werden. Katzen steigen bekanntlich gerne in fremde Autos ein und finden sich dann an entsprechend fremden und entfernten Orten wieder, von wo aus sie natürlich kaum den Weg zurück finden.

Manchmal gibt es glückliche Zufälle, die zur Identifikation eines vermissten Tieres führen, mitunter geschieht dies noch nach Monaten. Wir hatten einmal bei TIERE SUCHEN EIN ZUHAUSE den Fall eines Grautigers, der nach über einem Jahr seine Familie wieder fand – durch seinen Auftritt in unserer Sendung. Aber das sind Ausnahmen!

Ohne Happy-End

Natürlich nehmen nur die wenigsten dieser Fälle ein glückliches Ende. Und die meisten entlaufenen oder gestohlenen oder von Tierfängern erwischten Katzen tauchen nicht

wieder auf. Die damit verbundene Ungewissheit kann einen Tierfreund wahnsinnig machen. Man kann weder in Ruhe trauern, noch beginnen, sich mit dem Verlust zu arrangieren. Denn er ist ja noch nicht sicher, ist nicht greifbar.
Trotzdem möchte ich an dieser Stelle noch einmal daran erinnern, dass es auch wirklich sehr viele Möglichkeiten eines „natürlichen Unfalls" gibt. Das sei auch als kleiner Trost gedacht, denn sicherlich können trauernde oder sich im Ungewissen befindliche Katzenbesitzer einen Unfall eher verkraften als ein Verbrechen.

Haustiere als Opfer

Aber auch andere Möglichkeiten sollten natürlich nicht verdrängt werden, schon um in Zukunft ähnlichen Vorfällen vorzubeugen. Verschwinden in Ihrer Gegend auffallend häufig Hauskatzen, die Auslauf genießen, dann sollten Sie unter Umständen entweder auf die Anschaffung einer neuen Katze verzichten oder sich für ein Tier entscheiden, das auch als reine Wohnungskatze glücklich ist. Im Tierheim kann man Ihnen über das bisherige Leben einer erwachsenen Abgabe-Katze in der Regel gründlich Auskunft geben. Katzenbabys können Sie normalerweise noch dahingehend erziehen, dass sie sich mit dem Stubentigerdasein begnügen. Dagegen können Katzen, die an Freigang gewöhnt sind, nur in Ausnahmefällen „umtrainiert" werden.
Eine andere Konsequenz könnte aber auch sein, ein ganz anderes Tier zu halten, eines, das sich lückenloser beaufsichtigen lässt, beispielsweise einen Hund oder Kleintiere in Gehege oder Voliere.
Auch eine Anzeige bei der Polizei, auf jeden Fall jedoch eine Mitteilung an den zuständigen Tierschutzverein ist sinnvoll, falls auffallend viele Katzen verschwinden oder

verschwunden sind. Das ist wichtig, weil viele Tierschützer Statistiken über verschollene Haustiere aufstellen, und diese Statistiken sind die Grundlage jeglicher Gegenmaßnahme.

Unser Anton

Wir nahmen zwei junge Kater auf, die sich bereits im Tierheim angefreundet hatten. Einer, unser heutiger „Chefkater" Emil, war von Anfang an aufgeschlossen und

Für mich war es besonders tragisch, dass der scheue Anton mit großer Wahrscheinlichkeit Opfer von Satanisten wurde.

zutraulich, der andere, sein pechschwarzer Freund Anton, dagegen völlig verängstigt und extrem scheu.
Erst nach einem Jahr ließ er sich so richtig anfassen, und das auch nur von unserer Tochter, meinem Mann und mir. Nach dieser langen Eingewöhnungsphase entspannte sich Anton zunehmend, stromerte durch den großen Garten und bald

auch durch den ganzen Ort, tobte und tollte mit seinem Freund Emil, wurde im engsten Familienkreis sogar richtig verschmust und war ein ausgesprochen glücklicher, wenn auch nach wie vor sehr schüchterner und vorsichtiger Kater. Fremden gegenüber blieb er immer extrem misstrauisch. Eines Sommers verschwanden in dem Taunusstädtchen, in dem wir wohnten, nahezu alle schwarzen Katzen, auch unser Anton! Das konnte kein Zufall sein! Ich musste gleich an Satanisten denken. Recherchen mit dem zuständigen Tierschutzverein bestätigten die schlimmsten Verdachtsmomente, denn auch in den umliegenden Gemeinden verschwanden in diesen Monaten auffallend viele ganz schwarze Katzen.

Es sind in der Regel Lieferwagen, die ungewöhnlich langsam und bevorzugt Nebenstraßen abfahren, mit verklebten Fenstern und, darin hat man dann im Nachhinein oft eine Bestätigung des Verdachts gesehen, mit gefälschten Nummernschildern. Sie arbeiten mit bestimmten absolut unwiderstehlichen Lockstoffen und kriegen auf diese Weise auch jede noch so scheue und misstrauische Katze. Die andersfarbigen Tiere, die ihnen in die Falle gegangen sind, werfen sie dann irgendwo wieder hinaus, nur die schwarzen, sie müssen aber wirklich absolut schwarz sein, behalten sie. Als Katzenbesitzer und -liebhaber fühlt man in solchen Situationen eine ohnmächtige Wut. Denn man kann leider nicht viel mehr tun, als immer wieder auf ähnliche verdächtige Begebenheiten hinzuweisen.

Fazit

Wir passen seitdem noch besser auf unsere Katzen auf – so weit das eben bei Freigängerkatzen möglich ist. Zu den Freilauf-Katzen gibt es sogar nachvollziehbare Statistiken, nach denen die mit Abstand häufigsten Unfälle in der Nacht passieren. Nur in der Dunkelheit können Tierfänger ihr Unwesen treiben, und auch Unfälle im Straßenverkehr nehmen zu, da zwar weniger Autos fahren, doch die Fahrer die über die Straße huschenden Tiere auch viel schlechter und meist zu spät sehen. Seit Antons Verschwinden dürfen unsere Katzen nicht mehr nachts raus – und das ist auch meine Empfehlung an alle Freigänger-Besitzer: Gewöhnen Sie Ihre Tiere daran, dass sie abends nach Hause kommen, indem Sie die Fütterungszeit entsprechend wählen, und lassen Sie sie nach ihrem „Dinner" und dem Einbruch der Dunkelheit bis zum nächsten Morgen möglichst nicht mehr nach draußen.

Gewöhnen Sie Ihre Tiere daran, dass sie abends nach Hause kommen, indem Sie die Fütterungszeit entsprechend wählen.

Gewöhnen Sie Ihren Katzen an, dass sie abends nach Hause kommen und behalten Sie sie über Nacht im Haus.

Trauer
und Trost

Trauer ist so individuell, dass man dafür keine Regeln aufstellen kann. Einige Menschen kommen mit der Trauer um ein verstorbenes Tier relativ gut zurecht und benötigen wenig Beistand und Trost durch ihre Mitmenschen. Andere dagegen brauchen durchaus einfühlsame Gespräche mit Freunden und Verwandten.

Da Sie als trauernder Mensch sicherlich besonders empfindlich sind, sollten Sie sich in dieser Phase unbedingt die Menschen vom Halse halten, die Ihnen jetzt nicht gut tun: Nicht alle Menschen können die starke Trauer um ein Tier gut nachvollziehen. Selbst die, die normalerweise die besten und einfühlsamsten Freunde sein mögen, finden in diesem Fall jedoch nicht unbedingt die richtigen tröstenden Worte, oder sie sagen sogar – hoffentlich (!) völlig unbeabsichtigt – etwas sehr Verletzendes wie: „Sei doch froh, dass du jetzt das Problem der Hundehaare los bist."

> Trauer ist so individuell, dass man dafür keine Regeln aufstellen kann.

Mit diesen Freunden, Kollegen oder Verwandten sollten Sie einfach in der Trauerphase über andere Themen sprechen, das erspart Ihnen Schmerz und Enttäuschung. Trost finden Sie dagegen sicherlich bei anderen Tierfreunden sowie den allerengsten Familienmitgliedern, die selbst um das Tier trauern.

So unterschiedlich wie die Beziehung jedes einzelnen Familienmitglieds zum Haustier zu Lebzeiten war, so trauern sie oft auch ganz unterschiedlich um das geliebte Tier.

Und trauern tut jeder auf seine Weise. Der eine spielt den Tapferen, bleibt nach außen hin kühl und gefasst und lässt sich nichts anmerken. Andere heulen tagelang ununterbrochen oder brechen sofort in Tränen aus, wenn sie auf den Verlust angesprochen oder auf eine andere Weise daran erinnert werden. Beide noch so unterschiedlichen Reaktionen sagen wenig über den wirklichen Grad der Trauer und Traurigkeit aus.

Jemand, der keine Tränen (mehr) hat und äußerlich hart und unberührt wirkt, kann genauso am Ende und todunglücklich sein wie ein anderer, dem man das Elend schon von weitem ansieht. Manch einer ist in der ersten Zeit gefasst, vielleicht auch, weil er zunächst andere Familienmitglieder stützen und trösten muss. Dafür bricht es dann später umso stärker aus ihm heraus. Sicher ist es nicht ungefährlich, den Kummer in sich hinein zu fressen. Ich würde grundsätzlich eher empfehlen, alles herauszulassen und sich auszuweinen.

Das muss dann allerdings nach einer gewissen Zeit auch wieder aufhören oder zumindest stark abnehmen, nicht zuletzt, weil man sonst irgendwann seiner Umgebung schlichtweg auf die Nerven geht. Dann haben nämlich alle Freunde, Kollegen und Verwandten alles zu dem Thema gesagt, was ihnen Tröstendes eingefallen ist. Aber irgendwann ist auch „Schluss mit traurig!" Das heißt natürlich nicht, dass man nicht mehr trauert oder nicht mehr traurig wird, wenn man an das verstorbene Tier denkt oder von ihm spricht – mir kommen z. B. heute noch die Tränen, wenn ich vom Todestag meines Schäferhundes Mikis erzähle –, das heißt nur, dass man nun nicht mehr erwarten sollte, ständig von anderen getröstet zu werden.

Partner trauern häufig ganz unterschiedlich

Manchmal schweißen Kummer und Trauer Paare fester zusammen. Sie sind sich gegenseitig solch eine Stütze, dass ihre Liebe nur noch größer wird. Mitunter aber hört man auch, dass sich Paare in ihrem Schmerz voneinander weg bewegen, entfremden oder gar entzweien. Dies könnte beispielsweise daran liegen, dass das Verhältnis zum Tier unterschiedlich, z. B. bei einem der beiden ausgeprägter war als bei dem anderen,

Lassen Sie Ihrem Partner einfach seinen Weg, mit der Trauer umzugehen, nach einer gewissen Zeit werden Sie schon eine gemeinsame Lösung finden!

und das auf gegenseitiges Unverständnis stößt. Möglicherweise trauern die beiden Partner aber einfach auf ganz

Auch Partner gehen ganz unterschiedlich mit dem Tod des Haustiers um.

verschiedene Weise, sodass sie sich dadurch immer weiter voneinander weg bewegen.

Manche Menschen suchen möglicherweise nach dem Verlust eines Tieres ganz gezielt wieder Kontakt zu anderen Tieren und freunden sich langsam mit dem Gedanken an, ein neues Tier aufzunehmen. Andere nehmen es in der ersten Trauer unbewusst jedem anderen Tier übel, dass es noch lebt, während das eigene geliebte Haustier nicht mehr da ist. Das kann nun sicherlich zu Konflikten führen. Lassen Sie Ihrem Partner einfach seinen Weg, mit der Trauer umzugehen, nach einer gewissen Zeit werden Sie schon eine gemeinsame Lösung finden!

Fazit

Niemand kann davon ausgehen, dass er allein weiß, wie man richtig trauert. Deswegen ist es nicht schlimm, wenn in einer Beziehung jeder anders mit dem Verlust eines Haustieres umgeht, wenn jeder auf seine Weise trauert! Wichtig

Niemand kann davon ausgehen, dass er allein weiß, wie man richtig trauert.

ist nur, dass man gerade in solch einer Situation offen miteinander über seine Gefühle, Erwartungen, aber auch über Irritationen und Enttäuschungen spricht.

Was kann Trost spenden?

Der wichtigste Trost ist sicherlich die Gewissheit, dass ein Tier ein langes und erfülltes, glückliches Leben hatte. Natürlich ist aber gerade ein langes und schönes Leben meist gleichbedeutend damit, dass man viele Jahre gemeinsam mit diesem Tier verbracht hat – es sei denn, man hat das Tier in schon fortgeschrittenem Alter übernommen. Je länger man miteinander gelebt hat, umso schmerzhafter für den Menschen ist natürlich der Abschied, umso schwieriger ist die Umstellung auf ein ungewohntes Leben ohne das Tier.

> Der wichtigste Trost ist sicherlich die Gewissheit, dass ein Tier ein langes und erfülltes glückliches Leben hatte.

Ein Tier, das man hingegen nur verhältnismäßig kurz hatte, kann man noch gar nicht so stark vermissen, obwohl es natürlich andererseits viel schlimmer ist, wenn ein junges Tier stirbt.

Ich kann z. B. sehr gut damit leben, dass ein großer Hund, wie beispielsweise mein Mikis, mit dreizehn Jahren gestorben ist. Er hat seine natürliche Lebenserwartung erreicht, und ich denke mit Freude an ihn zurück. Sein Leben war schön. Wir hatten großes Glück, eine so lange Zeit gemeinsam verbringen zu dürfen.

Anders verhält es sich dagegen mit unseren beiden Katzen Anton und Paquita, die aus ganz verschiedenen Gründen nur ca. vier Jahre alt geworden sind. Damit kann ich mich viel schlechter abfinden, obwohl Mikis mir noch viel mehr bedeutet hat.

Erinnern Sie sich bewusst an die schönen Augenblicke mit Ihrem Freund.

Womit kann man sich selbst trösten?

Falls Ihr Tier vor kurzem gestorben ist, so tut Ihnen der Verlust im Moment noch sehr weh. Vielleicht helfen Ihnen die folgenden Gedanken:

◆ Ihr geliebter Hund, Ihre samtpfötige Freundin, Ihr Zwergkaninchen oder Papagei ist hoffentlich in gesegnetem Alter eines natürlichen Todes gestorben. Falls dies so ist, so hatten Ihr Haustier und Sie Glück, und Sie sollten dankbar für die Zeit sein, die Sie zusammen hatten.

◆ Gehen Sie die Bilder aus guten Zeiten noch einmal im Geiste durch:

- Wie haben Sie sich beispielsweise „kennen gelernt"?
- Wie war Ihr Haustier, als es klein war, als Sie es in Ihre Obhut nahmen?
- Wann waren Sie einmal wirklich sauer?
- Was war besonders schön? Wenn sich Ihre Katze abends schnurrend auf Ihrem Schoß eingeigelt hat, oder wenn Ihr Hund, nachdem er sich sechsmal um sich selbst gedreht hatte, zu Ihren Füßen unterm Schreibtisch niedergesunken ist, dann waren dies friedliche, schöne Momente! Sie sind ein wertvoller Schatz, der Sie nun trösten kann.

Trost von anderen

Hier möchte ich noch einmal kurz einen Gedanken vom Beginn des Kapitels aufgreifen: Wenn man sein Haustier verloren hat, kann man nicht von vielen Menschen Trost erwarten. Nicht einmal unsere Religion hat für diesen Fall Trost und Zuspruch vorgesehen. Versuchen Sie deshalb möglichst erst gar nicht, mit jemandem, der mit Tieren nichts am Hut hat, darüber zu sprechen. So ersparen Sie sich Ärger, Enttäuschung, Aufregung und zusätzlichen Kummer.

Erwarten Sie also nicht zuviel von Ihrer Umgebung, sondern suchen Sie lieber ein hilfreiches Gespräch mit geistesverwandten Tierfreunden.

Es gibt aber nicht nur diejenigen, die nicht verstehen können, dass und wie man um ein Tier trauert. Es gibt auch noch diejenigen, die trotzdem versuchen, ein paar tröstende Worte zu finden. Und das kann mitunter ziemlich daneben gehen. Denen, die

Vielen Menschen hilft es in der Trauer, wenn ein neuer Vierbeiner ins Haus kommt.

es gut meinen und es einfach nicht besser wissen, würde ich das niemals übel nehmen. Anders verhält es sich mit nahestehenden Personen, die es besser wissen sollten und trotzdem unsensibel und gedankenlos sind.

Erwarten Sie also nicht zuviel von Ihrer Umgebung, sondern suchen Sie lieber ein hilfreiches Gespräch mit geistesverwandten Tierfreunden, denn die gibt es ja schließlich auch – zum Beispiel in den Tierschutzvereinen.

Manche Menschen finden Trost, indem sie ein Grab besuchen und pflegen können, anderen hilft es, wenn ein neuer Vierbeiner ins Haus kommt.

Ein Nachfolger –
ein neues Tier

Auch wenn es für manchen befremdlich wirkt, wenn man sich nach dem Tod eines geliebten Haustieres schon bald nach einem neuen vierbeinigen Gefährten umschaut, so ist dies doch eine Maßnahme, die den meisten Menschen durchaus über den Verlust hinweghelfen, vom eigenen Schmerz ablenken und Trost geben kann.

Ein Nachfolger ist kein Ersatz

Ein Nachfolger nimmt den Platz des verstorbenen Tieres ein und wird ihn auch wieder mit Leben füllen. Alleine durch seine Anwesenheit wird er viele Defizite und Sehnsüchte stillen und so manchem Schmerz die Spitze nehmen. Das „alte" Tier kann er jedoch nicht ersetzen. Das wäre sowohl dem verstorbenen wie auch dem neuen Tier gegenüber unfair.

Es ist auch gar nicht notwendig oder unbedingt erstrebenswert, einen „Ersatz" zu bekommen. Um solchen Missverständnissen vorzubeugen, würde ich persönlich niemals ein Tier suchen, das dem vorherigen ähnlich sieht, oder eines der gleichen Rasse oder Mischung.

Natürlich gibt es Menschen, die ein Faible für bestimmte Rassen haben: Wer einmal die Charaktereigenschaften eines Boxers oder Schäferhundes, Berner Sennenhundes oder

Jedes Tier ist anders. Um das auch äußerlich deutlich zu machen, sollte der Nachfolger ganz anders aussehen als sein Vorgänger.

einer bestimmten Katzenrasse zu schätzen gelernt hat, möchte oft wieder gerade solch ein Tier. Doch selbst dann sollten sich Tierfreunde – meiner Meinung nach – ein neues Familienmitglied aussuchen, das seinem Vorgänger rein äußerlich möglichst wenig gleicht, sich zum Beispiel wenigstens diesmal für eine andere Farbe entscheiden oder einen nicht ganz reinrassigen Vertreter wählen oder nach einem Rüden einmal zur Abwechslung eine Hündin nehmen. Oder vielleicht kann es ja auch nach einem heiß geliebten

Langhaardackel einmal ein rauhaariger oder ein kurzhaariger sein. Oder ein Mischling, bei dem die Lieblingsrasse möglichst deutlich beteiligt ist.

Denn je mehr sich ein Tier rein äußerlich von seinem direkten Vorgänger unterscheidet, desto geringer ist die Gefahr, den Neuzugang dauernd mit dem verstorbenen Tier zu vergleichen. Wer nach dem Tod eines Tieres möglichst nahtlos ein möglichst gleiches Tier wiederhaben möchte, versucht mitunter, den Verlust zu verdrängen – und ist entsprechend häufig enttäuscht: Auch wenn der vorige schwarze Cockerspanielrüde eine wahre Wasserratte war, so kann es gut sein, dass der nächste schwarze Cocker beim Anblick eines Badesees das Grausen kriegt. Kein Husky ist wie der andere, und auch kein Rottweiler, Retriever oder Bullterrier. Die eine Siamkatze ist verschmust und anhänglich, die nächste vielleicht scheu und zurückhaltend. Jedes Tier ist ein Individuum.

> Sie dürfen es keinem Tier übel nehmen, wenn es seinem Vorgänger in manchem nicht das Wasser reichen kann oder einfach nur anders ist.

Meine Hunde

Mein erster eigener Hund war beispielsweise – wie ungefähr 99 Prozent aller Hunde – ein leidenschaftlicher Autobeifahrer und überhaupt am liebsten unterwegs. Meine nächste Hündin hasst auch nach über acht Jahren jede Art der Fortbewegung, die nicht auf Schusters Rappen bzw. ihren Pfoten stattfindet. Für uns bedeutete das eine große Umstellung. Auf einmal hatten wir einen Hund, der nicht mit in den Urlaub fährt und entsprechend untergebracht werden muss sowie darüberhinaus auch noch während der Ferien vermisst wird! Oft werden Sie mit dem Nachfolger aber auch angenehme Überraschungen erleben und sich freuen, dass der oder die

„Neue" im Gegensatz zum „Alten" keine Jogger jagt, weniger haart und nur im zarten Welpenalter Hausschuhe anknabbert. Oder dass die neue Samtpfote die Krallen doch tatsächlich am Kratzbaum oder im Garten schärft, Eichhörnchen am Leben lässt und gerne mit Kindern spielt. Schön!

Fazit und Tipp

Freuen Sie sich über Ihren neuen Hund oder Ihre neue Katze, aber verdrängen Sie nicht, dass es ein neues Tier ist, ein anderes als das, das von Ihnen gegangen ist.

Neues Tier – neuer Name?!

Ich rate auch, niemals zwei aufeinander folgenden Tieren den gleichen Namen zu geben. So gibt es beispielsweise Hundehalter, die im Laufe ihres Lebens *Hasso* I, II, III und IV hatten, und Katzenfans, die alle ihre Haustiger *Mieze* taufen. Möglicherweise ist auch das ein Versuch zu verdrängen, dass es nicht mehr Hasso oder Mieze Nummer I ist, der bzw. die da neben ihnen im Körbchen liegt.

Ähnlichkeiten und Vergleiche

Natürlich kann es auch Fälle geben, in denen meine o. g. Befürchtungen einfach nicht zutreffen. So kommt es vor, dass Zuschauer anrufen und sich nach unserer Sendung für einen Schützling erwärmen, weil er sie an eines ihrer früheren Tiere erinnert oder ihm einfach ähnlich sieht. Letztendlich muss jeder selbst entscheiden. Es gibt bestimmt viele Menschen, die, selbst wenn das neue dem vorangegangenen oder einem früheren Tier äußerlich extrem ähnlich ist, überhaupt nicht auf die Idee kommen, es müsse nun auch charakterlich dem Vorgänger-Tier gleichen, und sogar sehr gut mit den Unterschieden zurechtkommen. Außerdem ist es sicher auch etwas anderes, ob es sich um den direkten Nachfolger handelt oder ob man dazwischen noch ein anderes Tier hatte. Eigentlich ist es ja auch nicht ungewöhnlich, dass man einen bestimmten „Typ" hat. Das geht vielen schließlich mit Menschen ganz genauso, und manche/r Witwe/r oder Geschiedene/r landet immer wieder beim gleichen Typ Mann oder Frau.

Mein schwarzer Schäferhund Mikis z. B. ist nun schon seit über acht Jahren tot. Doch mir schlägt heute noch – und wahrscheinlich mein ganzes Leben lang – das Herz schneller, wenn ich einen schwarzen Schäferhund sehe. Dessen Schicksal interessiert mich dann auch immer ganz besonders. Trotzdem käme ich nie auf den Gedanken, dass ich nun wieder einen schwarzen Schäferhund haben müsste.

Kein neues Tier?

Immer wieder erreichen mich Anrufe und Briefe, in denen mir Tierhalter ihr Leid über den Verlust eines Haustieres klagen. Oder ich spreche mit Freunden oder Nachbarn, deren Hund oder Katze kürzlich gestorben ist. Viele teilen bereits im nächsten Atemzug mit: „Das war jetzt aber unser letzter Hund." Oder „die letzte Katze". Dafür gibt es vor allem drei Gründe:

Grund 1: Die wiedergewonnene Freiheit

Die einen möchten nun tatsächlich kein eigenes Haustier mehr. Sie fühlen sich mitunter zu alt oder zu müde, sich um

Die Aussage „Das war mein letzter Hund" ist nur bei wenigen Hundeliebhabern von Bestand – zum Glück vor allem für die vielen herren- losen Tierheim- bewohner, die dringend auf ein neues Zuhause warten.

ein neues Tier zu kümmern. Schließlich wissen sie, was es heißt, es zu versorgen. Mitunter hatten sie ihr bisheriges Leben lang Haustiere. Jetzt aber freuen sie sich bei aller Trauer um das verstorbene Tier darauf, spontan in den Urlaub fahren zu können, ohne den Hund, ohne erst fragen zu müssen, wer ihn aufnimmt oder wer die Katze füttert.

Sie sind erleichtert, auf ihre alten Tage nicht mehr bei Wind und Wetter vor dem Schlafengehen noch eine Gassi-Runde einlegen oder die Katze im Garten suchen zu müssen. Vielleicht nehmen sie gerne noch zwei-, dreimal im Jahr den Hund der Enkelin oder einen anderen Pflegling auf. Schließlich haben sie ja Erfahrung. Oder sie füttern gerne und äußerst liebevoll die Nachbarkatze, wenn deren „Dosenöffner" im Urlaub sind.

Auch dies kann eine sinnvolle Entscheidung sein, beispielsweise wenn man gesundheitlich nicht mehr so auf der Höhe
ist und auf einen neuen Vierbeiner oder Vogel nicht wirklich
eingehen kann.

Ein Beispiel

Meine früheren Nachbarn waren genau so ein Fall: Ihre
Hovawart-Hündin Inja erreichte ein für große Hunde
geradezu biblisches zweistelliges Alter und durfte zudem
auf ein ausgesprochen angenehmes, erfülltes Leben mit
ausgiebigen täglichen Spaziergängen und viel Liebe und
Aufmerksamkeit zurückblicken. Aber nach ihrem vorher-
sehbaren Tod wollten Frauchen und Herrchen auf keinen
Fall mehr einen neuen Hund. Sie fühlten sich einerseits zu
alt, andererseits wollten sie aber auch von nun an mehr
verreisen. Das ist jammerschade, hätte doch hier ein armer
alter Hund noch ein paar schöne Jahre mit viel Streicheleinheiten und Zuspruch verbringen können! Das gilt es
vor allem deswegen zu bedenken, da gerade ältere Hunde
oft bis an ihr Lebensende im Tierheim sitzen, weil sie keiner
mehr haben will!
Den älteren Herrschaften tat die Hundelosigkeit
offensichtlich auch nicht gut. Traurig sah man sie von nun
an durch den Wald laufen, auf den Wegen, die sie zuvor
jahrelang mit ihrer Inja gegangen waren. Und besonders
oft in Urlaub gefahren sind sie eigentlich bisher auch
nicht.
Es gibt natürlich auch Fälle, in denen es ausgesprochen
vernünftig ist, nach dem Tod eines Haustieres auf die
Anschaffung eines Nachfolgers zu verzichten, und das nicht
nur, wenn ältere Menschen gesundheits- und kräftemäßig
die Versorgung eines Schützlings überfordern würde, sondern
auch im Falle jüngerer Leute, wenn sich seit der Anschaffung
des letzten Tieres die Lebensumstände zuungunsten einer

Tierhaltung verändert haben (Auszug aus dem Elternhaus, Scheidung, volle Berufstätigkeit, allergisches Kind etc.).

Grund 2: Angst vor dem neuerlichen Verlust

Leider kommt es sehr häufig vor, dass Tierfreunde über ihre Trauer und den Schmerz durch den Tod ihres Tieres so entsetzt sind, dass sie so etwas nie wieder erleben möchten. Um das auszuschließen, nehmen sie sogar in Kauf, in Zukunft auf ein geliebtes Haustier zu verzichten. Eine typische Äußerung: „Jetzt ist Schluss. Noch einmal will ich das nicht mitmachen." Schätzungsweise in der Hälfte aller Fälle überlegen es sich die „verwaisten" Tierhalter und -freunde früher oder später anders: „Zu leer" kommt ihnen auf Dauer die Wohnung ohne Hund oder Katze vor – „Es fehlt halt einfach etwas." Stimmt. Deswegen ist es die für alle Beteiligten beste Lösung, zum nächsten Tierschutz- verein zu gehen und nach einem neuen vierbeinigen Familienmitglied Ausschau zu halten. Es wird Ihnen dankbar sein.

Was kann man sonst tun?

Die andere Hälfte, also diejenigen, die hart bleiben und nicht von ihrem Vorsatz abweichen, können sich nützlich machen: Indem sie anderen Tierhaltern helfen, oder – noch besser – den Tierschützern, z. B. als Gassi-Gänger, Hunde-Sitter, Katzen-Fütterer oder indem sie einen Pflegeplatz oder eine Urlaubsstelle zur Verfügung stellen. Auch so ist allen geholfen: Die – vielleicht nach wie vor trauernden – Ex-Tier- halter haben wenigstens zeitweise wieder ein Tier um sich. Die Tierbesitzer andererseits bekommen Hilfe, zum Beispiel, wenn sie verreisen oder krank werden. Tierschützer, die

Geben Sie einem Tier aus dem Tierheim eine Chance!

vielleicht über kein Tierheim verfügen und ständig auf Pflege-
stellen angewiesen sind, können so den einen oder anderen
Schützling gut unterbringen. Und Vereine mit Tierheim
haben eine Anlaufstelle für Pfleglinge, die im Tierheim zu
sehr leiden würden und eine Privatstelle oder eine besondere
Pflege brauchen, weil sie noch aufgepäppelt werden müssen.

Grund 3: Pietät

Ein wenig erstaunlich ist die Argumentation der dritten
Gruppe ehemaliger Tierhalter: Sie empfinden es als eine
Form von Verrat gegenüber dem verstorbenen Tier, wenn sie
sich wieder ein neues anschaffen. Als ob sie im Nachhinein
einer toten Katze oder einem verstorbenen Hund Unrecht
oder Leid zufügen würden, weil ein anderes Tier nun dessen
Platz einnehmen darf. Doch das eine hat mit dem anderen

nichts zu tun, und das tote Tier hat keinerlei Vorteil davon, wenn „seine" Menschen nun für den Rest ihres Lebens ein haustierloses Dasein fristen.

Ein Witwer oder eine Witwe dürfen ja auch wieder neue Bindungen eingehen. Auch von einer „angemessenen Trauerzeit" zu sprechen, ist bei Tieren unsinnig. Es sei denn, dass jemand emotional wirklich noch nicht so weit ist und den Anblick eines neuen Tieres in den eigenen vier Wänden (noch) nicht ertragen kann. Bevor man, vielleicht völlig unbewusst, dem neuen Tier übelnimmt, dass es am Leben ist, dass es ihm gut geht, während das geliebte andere Tier tot ist, sollte man lieber noch etwas warten. Denn das neue Tier hat es verdient, ohne Vorbehalte willkommen zu sein.

(K)ein Trauerjahr für Tiere?

Eine so genannte „angemessene Trauerzeit" oder Pause darf sich keinesfalls danach richten, was andere denken oder denken könnten. Denken Sie eher an die vielen traurigen Schicksale in unseren Tierheimen, an die herrenlosen Hunde, Katzen und Kleintiere, die auf ihre Vermittlung warten.

Viele von ihnen leiden selbst in einem guten Tierheim, weil sie ein eigenes Zuhause und eine Bezugsperson möchten, ein eigenes „Rudel". Für sie ist jeder Tag des Wartens ein verlorener Tag. Und jeder Tag, den sie weniger im Tierheim verbringen, ist ein Geschenk. Gerade für die vielen älteren Tiere läuft die Zeit. Haben Sie also keine Hemmungen, auch schon kurz nach dem Tod eines Haustieres, mit der Suche nach einem Nachfolger zu beginnen. Sie tun damit etwas Gutes. Und das ist es, was zählt. Sie selbst werden dadurch sicher auch wieder glücklicher.

> Gerade für die vielen älteren Tiere läuft die Zeit. Haben Sie also keine Hemmungen, auch schon kurz nach dem Tod eines Haustieres, mit der Suche nach einem Nachfolger zu beginnen.

Ein Platz ist frei geworden ...

Auch wir haben nach dem Unfalltod unserer Katze Paquita schon im nächsten Urlaub eine Katze aus einem überfüllten griechischen Tierheim mit einem noch überfüllteren Katzenhaus geholt. Katzen leiden immens, wenn sie zu zahlreich und dicht auf engstem Raum zusammenleben müssen.

Sie leiden unter „Überbevölkerung" bzw. Überfüllung ihres Territoriums auf andere Weise und viel stärker als Hunde. Daher gilt es, hier keine Zeit zu verlieren, wenn man sich entschlossen hat, ein Tier zu adoptieren.

Das Tierheim war übrigens das der *Arche Noah* Chania im Nordwesten Kretas. Es ist deshalb so überfüllt, weil man auf Kreta selbst kastrierte Katzen nicht gefahrlos wieder freilassen kann. Wie in vielen Mittelmeerländern werden dort wild lebende Katzen von Zeit zu Zeit einfach vergiftet. Regelmäßig. Was bleibt also den Tierschützern, wie Silke Wrobel von der *Arche Noah*, übrig, als neben den Hunden auch noch die vielen Katzen irgendwie zu beherbergen?

Unsere Greta

Unter über hundert Samtpfoten suchten wir uns also unsere
Greta aus, was angesichts der Vielzahl an zauberhaften und
zutraulichen Katzen nicht einfach war. So hatte der traurige
Tod unserer Paquita wenigstens einer anderen armen Katze
etwas Gutes gebracht, nämlich einen schönen Platz. Kurz
danach nahmen wir noch eine Portugiesin, Antonia, auf, die
den Platz von unserem Anton einnehmen durfte und in
Gedenken an den verschwundenen Kater Antonia getauft
wurde. Nun war unser samtpfötiges Trio wieder komplett.
Das war übrigens ein Gedanke, der selbst meiner damals erst
fünfjährigen älteren Tochter ohne unser Zutun gekommen
war: „Damit die Familie wieder komplett ist", argumentierte
sie meinem Mann gegenüber, der darauf hinzuweisen
versuchte, dass es ja nicht unbedingt immer drei Katzen
sein müssten. Wie auch immer, Gretas und Antonias Glück
war der einzige kleine, wirkliche Trost über Paquitas und
Antons Tod.

*Das ursprüngliche
Trio: Emil, Anton
und Paquita.*

Wenn der Nachfolger vorher Zweittier war

Manche Hunde- oder Katzenhalter warten gar nicht erst, bis ein altes Tier gestorben ist, bis sie sich ein zweites, jüngeres ins Haus holen. Das mag zwar etwas pietätlos erscheinen, muss es aber überhaupt nicht sein. Entscheidend für die Beurteilung solch einer Handlung ist allein das Wohlergehen der Tiere.

Ein nahtloser Übergang

Wird ein alter Hund schlapp und kränkelt, will oder kann er nicht mehr so lange spazierengehen wie früher, zeigt er also alle möglichen normalen Alterserscheinungen, so müssen seine Menschen sich langsam darauf gefasst machen, dass sie ihren Freund nicht mehr sehr lange haben werden. Um den Abschied durch einen sozusagen nahtlosen Übergang erträglicher zu gestalten, schaffen sich nun manche gleich ein jüngeres Tier an. Zudem hat diese Methode noch den Vorteil, dass das jüngere Tier sehr viel vom alten, erfahrenen Artgenossen lernen und profitieren kann und im Idealfall der alte den jungen quasi erzieht. Davon profitieren dann natürlich auch wieder die Menschen.

Ganz toll ist es natürlich, wenn der alte Hund durch den jungen auch wieder an Lebensfreude gewinnt und in ungeahnten Schwung kommt. Er rennt wieder mehr und spielt vielleicht sogar – das beste Fitnessprogramm, das man sich vorstellen kann. Die schönste Folge dieser Kombination wäre dann, wenn man noch über etliche Jahre beide

> Zudem hat ein nahtloser Übergang den Vorteil, dass das jüngere Tier sehr viel vom alten erfahrenen Artgenossen lernen und profitieren kann und im Idealfall der alte den jungen quasi erzieht.

Tiere gemeinsam genießen könnte. Daher gibt es natürlich auch Tierhalter, die ein Zweittier vor allem deshalb anschaffen, weil sie dem alten Hund etwas Gutes tun wollen und dabei weniger an (den Trost für) sich selbst denken.

Vierbeinige Pensionäre

Es gibt weitere gute Gründe für den jüngeren Zweithund: Beispielsweise, wenn ein Hund bestimmte Aufgaben hat, die er aufgrund seines Alters einfach nicht mehr (optimal) erledigen kann. Ein Blindenhund etwa kommt irgendwann

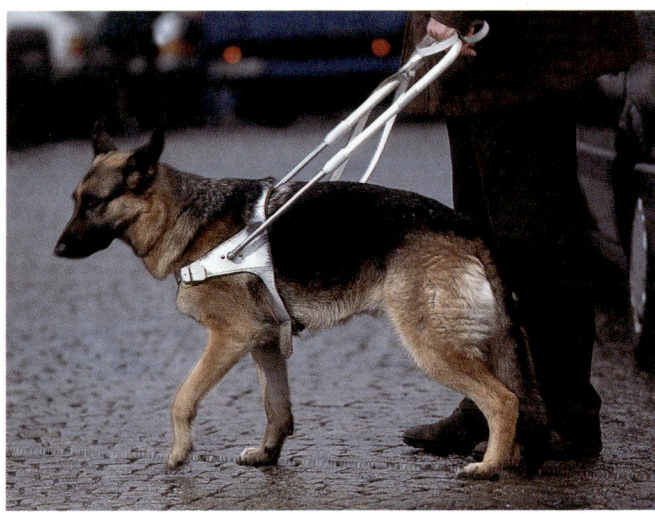

Für ein „berufstätiges" Tier ist es am schönsten, wenn es seinen Lebensabend in seiner gewohnten Umgebung und bei seiner Familie verbringen darf.

einmal ins Pensionsalter, genau wie ein Polizeihund oder ein Jagdhund. Es trifft schlichtweg früher oder später jedes berufstätige Tier. Dann ist es nur recht und billig, wenn der alte Gefährte oder Kollege noch sein Gnadenbrot in gewohnter Umgebung genießen darf.
Deshalb ist es erfreulich, wenn ein Hundeführer bei der Polizei seinen „Oldie" noch behält, auch wenn der jüngere

Kollege bereits seinen Dienst aufgenommen hat und abends nun auch dieser mit seinem „Chef" nach Hause darf. Manch einer hatte dadurch sogar zeitweise schon drei Hunde in der Familie. Natürlich geht das in vielen Fällen gar nicht, selbst wenn der Mensch es noch so gerne möchte. Es ist schlichtweg auch eine Frage des Platzes und der Kosten. Man sollte allerdings alles versuchen, um dem Tier dies zu ermöglichen, denn pensionierte Arbeitstiere haben einen liebevollen und würdigen Ruhestand im wahrsten Sinne des Wortes verdient. Natürlich ist es besonders traurig, wenn beispielsweise ein betagter Blindenhund, der seine Arbeit nicht mehr zuverlässig erledigen kann, auf seine alten Tage noch ein neues Zuhause suchen muss, weil sein bisheriger Besitzer ihn nicht zusätzlich zu seinem Nachfolger behalten kann – sei es aus finanziellen Gründen oder weil der Platz nicht reicht oder der Vermieter nicht mitspielt etc. Manchmal haben wir einen solchen treuen und meist schon älteren Ex-Blindenhund dann in unserer Sendung.

Aber auch wenn ein Hundehalter seine Hobbies nicht mehr gemeinsam mit dem alten Hund ausleben kann, etwa Joggen, Radfahren, Agility oder anderen Hundesport, und ihn das so belastet, dass alle Beteiligten darunter leiden müssen, kann es besser sein, den Senior noch zu schönen Spaziergängen mitzunehmen und auch sonst noch an allem teilhaben zu lassen, die körperlichen Herausforderungen jedoch mit einem jüngeren Tier zu teilen. So können alle glücklich und zufrieden sein. Doch die Betonung liegt auf dem Wort „können".

Voraussetzungen und Nachteile

Einen jüngeren Zweithund sollte man natürlich nur dann anschaffen, wenn der alte Hund nicht darunter leidet. Diese Variante ist nur legitim, wenn der alte Hund sich gleichfalls über den jüngeren Familienzuwachs freut oder er ihm tatsächlich vollkommen gleichgültig ist, sodass er ihn keinesfalls stört. Auch sollte man einem geliebten Freund auf seine alten Tage keinen Grund zur Eifersucht geben. Der jüngere darf also auf gar keinen Fall bevorzugt werden und alle Aufmerksamkeit und Streicheleinheiten auf sich ziehen. Das sollten aber eigentlich Selbstverständlichkeiten sein, so wie es alle verantwortungsvollen Eltern tagtäglich erleben und praktizieren, wenn aus einem Einzelkind ein großes Geschwisterchen wird.

Einen jüngeren Zweithund sollte man natürlich nur dann anschaffen, wenn der alte Hund nicht darunter leidet.

Bei der Neuanschaffung eines jüngeren Hundes muss man also unbedingt darauf achten, dass das ältere und das jüngere Tier gut miteinander auskommen. Wie unter Menschen gibt es natürlich auch unter Tieren so etwas wie

Schaffen Sie sich nur einen lebhaften Welpen als Zweithund an, wenn der Ältere nicht darunter leidet.

Sympathie und Antipathie. Manchmal duldet ein alter Hund einen neuen schlichtweg nicht, besonders unter Geschlechtsgenossen kommt dies häufig vor. Auch sollte man sich gut überlegen, ob man dem Senior unbedingt einen quirligen Welpen zumuten sollte. Ein junger Hund will den ganzen Tag spielen, toben und raufen, und das geht selbst dem gutmütigsten und geduldigsten Kerl mitunter auf die Nerven. Ein altes Tier braucht zwischendurch seine Ruhe.

> Wie unter Menschen gibt es natürlich auch unter Tieren so etwas wie Sympathie und Antipathie.

Als Kumpel für einen älteren Hund eignet sich deshalb ein nicht ganz so wilder, aber fröhlicher Hund. Vor allem sollte das neue Tier eher bescheiden und nicht dominant sein, damit es möglichst die älteren Rechte des anderen akzeptiert und der nicht noch im hohen Alter Rangordnungskämpfe ausfechten muss und gar verliert. Der zweibeinige Rudelführer kann durch Kleinigkeiten im Alltag dazu beitragen, diesen erwünschten Status Quo zu stabilisieren, zum Beispiel, indem er dem alten Hund immer zuerst seinen Futternapf hinstellt.

Auf den richtigen Zweithund gekommen

- ◆ Der ältere Hund darf nicht unter dem neuen Hund leiden;
- ◆ der zweibeinige „Rudelführer" darf den Zweithund nicht bevorzugen;
- ◆ der Zweithund sollte nur bei extrem verträglichen Naturen dasselbe Geschlecht haben wie der erste; in der Regel kommt ein Pärchen besser miteinander aus;
- ◆ der Zweithund sollte nicht zu jung oder zu lebhaft sein;
- ◆ der Zweithund sollte sich in der Rangordnung unterordnen;
- ◆ der Ersthund bekommt immer zuerst den Futternapf serviert;
- ◆ alle diese Punkte gelten im Prinzip genauso für Katzen.

Ein schlechtes Beispiel

Ein hessisches Ehepaar schaffte sich zu seinem bereits ziemlich gebrechlichen Schäferhund einen Labradorwelpen an, aber eben nicht, um dem Senior etwas Gutes zu tun, sondern weil sie es einfach nicht erwarten konnten, wieder einen jungen Springinsfeld im Haus zu haben. Der alte Hund wurde immer unglücklicher und nicht zuletzt dadurch immer hinfälliger. Als die Vermittler des Welpen nach ein paar Wochen zur Kontrolle kamen, fanden sie den Welpen in bester Laune vor. Er hatte sich prächtig entwickelt und – wie erwartet – schnell die Herzen seiner neuen Familie erobert, nicht aber das des älteren Hundes. Den hatte man deshalb einfach in die Kellerräume verbannt. Vielleicht war er ja auch nicht mehr so ganz stubenrein, und man war dankbar, nun noch einen Grund mehr für die Verbannung aus dem Wohnzimmer zu haben, nämlich den „Schutz" des Welpen. Es ist schon erstaunlich, wie herzlos Menschen sein können und wie gedankenlos. Der alte Hund wurde gegen einen jungen eingetauscht und war von da an unerwünscht und lästig. Die Vermittler des Welpen bereuten deshalb, dass sie den Kleinen zu diesen Leuten gegeben hatten, auch wenn es ihm dort offensichtlich sehr gut geht.

Und wie sieht es bei Katzen und Kleintieren aus?

Katzenbesitzer mögen entschuldigen, dass ich das Problem so ausführlich am Beispiel des Hundes dargestellt habe. Für Katzen gilt natürlich im Prinzip dasselbe. Der Hund ist jedoch noch stärker von der richtigen Wahl des Zweittieres abhängig, alleine durch seine geringer ausgeprägte Selbstständigkeit gegenüber seinen Menschen und sein anhängliches Sozialverhalten und Bedürfnis nach einem Rudelleben. Außerdem werden Katzen häufiger von Anfang an zu zweit gehalten als Hunde. Und vor allem Freigänger können sich im Falle von Antipathien bei Bedarf aus dem Wege gehen. Und so verhält es sich mit Kleintieren und Vögeln: Da mit Ausnahme von Hamstern alle Nager sowie Papageienvögel die Gesellschaft von Artgenossen brauchen, sollten sie sowieso mindestens paarweise gehalten werden, sodass sich hier das Problem anders stellt. Hier kommt nämlich zum trauernden Besitzer mitunter noch ein trauerndes Partnertier hinzu. Und schon des „verwitweten" Tieres wegen muss möglichst rasch ein neuer Gefährte aufgenommen werden.

Erfahrungen mit Zweittieren

Hunde ...

Ich hatte eigentlich nie vor, meinem alten Mikis, der sowieso nie besonders hundefreundlich war, einen zweiten Hund aufzudrängen. Als Mikis dreizehn Jahre alt war und aus gesundheitlichen Gründen zum ersten Mal nicht mit uns in den Urlaub konnte, retteten wir in Selinunt auf Sizilien eine kleine Mischlingshündin, Selina, vor den Hundefängern. In Deutschland wollte ich sie dann gleich vermitteln, klein, süß, jung und fit, wie sie war, wäre das kein Problem gewesen. Das Problem war ein anderes: Natürlich wollten wir sie nach der gemeinsam verbrachten Zeit in Italien und während der Heimreise im Wohnmobil nun nicht mehr hergeben. Andererseits wollten wir aber auch unserem alten Mikis in seinem wahrscheinlich letzten Lebensjahr keinen weiteren Hund und Stress zumuten. Aber rudelerfahren, sozial und lebensklug wie die kleine Mittelmeer-Streunerin erwartungsgemäß war, wusste Selina bei uns zu Hause sofort, den alten Brummbär Mikis um die Pfote zu wickeln. Sie gab sich

unterwürfig und bescheiden und bereits mit einem kleinen
Zipfel seiner Hundedecke zufrieden. Sie ließ ihm immer und
überall den Vortritt, begnügte sich auch beim Schmusen
demonstrativ mit dem zweiten Platz – und durfte bleiben.
Sehr pfiffig. Ich glaube, Mikis mochte sie nach einer Weile
sogar ein bisschen. Jedenfalls störte er sich überhaupt nicht
an ihrer Anwesenheit und wedelte mitunter ganz leicht mit
dem Schwanz, wenn sie auf ihn zukam. So funktionierte der
nahtlose Übergang natürlich wunderbar.
Leider konnten wir es nur vier Monate lang genießen,
zum ersten Mal zwei Hunde zu haben. Dann mussten
wir Mikis einschläfern lassen. Nach Mikis Tod war Selina

*Ein Herz und eine
Seele: Selina und
Fania.*

erwartungsgemäß eine große Hilfe für uns, denn wir waren nicht plötzlich ganz „verwaist".

Heute ist Selina nun „die alte", nämlich inzwischen neun bis zehn Jahre alt, und hat seit einem guten Jahr eine junge ungestüme Zweithündin an ihrer Seite. Irgendwann musste

es bei meinem Job ja einmal passieren. Auch hier war selbstverständlich die Bedingung, damit die Neue bleiben durfte, dass Selina nicht darunter leidet. Doch die blühte stattdessen durch die wilde Fania noch einmal richtig auf.

Emil mit seinem „Dosenöffner-Nachwuchs" Amelie.

Einträchtig – und leider auch recht selbstbewusst – düsen die beiden über die Felder, raufen wild miteinander (miteinander und nicht mit anderen!) und richten allerlei Unfug an. Und unsere Selina ist über große Zeiträume wieder richtig jung und verspielt. Keiner leidet, keiner ist eifersüchtig.

So ist es ideal; einzig die Wildkaninchen, die in unserer Gegend wohnen, sehen das wahrscheinlich anders. – Ach ja, und unsere Katzen, so fürchte ich, auch.

... und Katzen

Unser mitunter behäbiger und etwas dicker achtjähriger Chefkater Emil wird täglich von der zweijährigen Katze

Antonia auf Trab gebracht, er rauft und spielt mit ihr wie ein junger und wird dabei mitunter sogar richtig kindisch und albern.

Sonderfall Hamster & Co.

Es gibt Heimtiere, die von vornherein eine extrem geringe Lebenserwartung haben, zum Beispiel etliche Nager wie Hamster, Farbratten und Mäuse. Sie werden nur zwischen zwei und allerhöchstens drei Jahren alt. Da kann ein Nachfolger schnell zur Gewohnheit werden.
Weil gerade diese Tiere häufig für Kinder oder Jugendliche angeschafft werden, müssen sich auch die jungen Tierhalter ans ständige Sterben und „Auswechseln" gewöhnen.

Entweder leiden die Kinder unter dem ständigen Abschied-nehmen und unter der Angst, wann es denn wieder so weit ist oder sie gewöhnen sich daran und stumpfen ab. Routine-mäßig wird nach dem Ableben ein neues Tier gekauft, notfalls eben alle zwei Jahre. So ein kleines Kerlchen kostet ja auch nicht viel. Man kann es leicht ersetzen, wie ein kaputtes Spielzeug. Beide Reaktionen können ja wohl nicht erwünscht sein, was wieder einmal zeigt, dass diese kleinen Nager nicht unbedingt geeignete Haustiere für Kinder sind.

Darüber, wie man gemeinsam mit Kindern mit dem Tod eines geliebten Haustieres umgehen kann, lesen Sie mehr ab Seite 100.

Meerschweinchen und (Zwerg-)Kaninchen dagegen haben eine deutlich höhere Lebenserwartung und können – bei guter Pflege – so um die zehn Jahre alt werden.

Das Einzige, was dafür spricht, einen Nager, der nicht so alt wird, anzuschaffen, ist der meist berechtigte Verdacht, dass ein Kind oder Jugendlicher in den nächsten Jahren oder gar Monaten schon das Interesse an dem Tier verlieren könnte. Dann ist es besser, das „Problem" löst sich auf natürliche Weise, indem das Tier stirbt, als dass es im Tierheim landet oder – noch schlimmer – mehrmals im Bekanntenkreis weiter verschenkt wird und zum „Wander-pokal" verkommt.

Wünscht sich also beispielsweise eine Dreizehn- oder Vierzehnjährige sehnlichst einen kleinen Nager, ist aber abzusehen, dass sie mit 16 oder 17 Jahren wahrscheinlich ganz andere Interessen haben und lieber mit dem Mofa und ihrer Clique unterwegs sein wird, so kann die Wahl eines Hamsters durchaus sinnvoll sein. Später wird sich das junge Mädchen dann kein Nachfolgetier mehr anschaffen, hat aber das alte bis zu dessen Lebensende liebevoll in Obhut behalten.

Ein Tipp

Falls Sie und Ihre Kinder sich für ein Kleintier entscheiden sollten, so holen Sie es bitte von einem Tierschutzverein. Manche Tierheime haben ganze Zimmer voller Nager oder sogar Kleintierhäuser. So gibt es beispielsweise im Tierheim Köln-Dellbrück immer (Zwerg)Kaninchen und Meerschweinchen sowie fast immer Hamster, Gerbils, Farbratten und Mäuse. In Hessen ist das Rüsselsheimer Tierheim eine bewährte Adresse für Nager in kaum fassbarer Auswahl. Aber auch in Frankfurt, Darmstadt und nahezu allen anderen Tierheimen, vor allem in denen von Großstädten und Ballungsräumen, werden Sie sicher fündig.

Falls Sie und Ihre Kinder sich für ein Kleintier entscheiden sollten, so holen Sie es bitte von einem Tierschutzverein.

Oft sind Kleintiere nur ein Ersatz für die heißbegehrte Katze oder einen Hund.

Euthanasie

Der Begriff *Euthanasie* leitet sich aus dem griechischen Wort *Euthanasia* ab, und das bedeutet „schöner Tod". In der Antike meinte man damit einen angenehmen, schnellen, leichten und schmerzlosen Tod, allerdings ohne das Eingreifen anderer Personen wie beispielsweise eines Arztes.

Was bedeutet Euthanasie?

Dagegen verstehen wir heute unter Euthanasie Sterbehilfe für unheilbar Kranke und Schwerverletzte, um diese von ihren Leiden zu erlösen und ihren Todeskampf abzukürzen. Die Kontroversen um Euthanasie beim Menschen brauchen uns, wenn es um Tiere geht, nicht interessieren, was den Umgang mit diesem schwierigen Thema schon einmal immens erleichtert.

Bei Haustieren ist die Möglichkeit der Euthanasie inzwischen eine Selbstverständlichkeit geworden, was jedoch noch lange nicht heißt, dass die damit verbundene Entscheidung für den Besitzer eines Tieres eine Selbstverständlichkeit oder gar einfach ist. Im Gegenteil: Die Wahl des richtigen Zeitpunktes verunsichert oder überfordert viele Tierfreunde.

Chancen und Risiken

Wir sollten froh sein, dass uns die Medizin die Möglichkeit gibt, einem Tier ein qualvolles Ende zu ersparen. Natürlich

Die Entscheidung, wann oder ob man sein Tier einschläfern sollte, ist eine schwerwiegende Frage.

birgt das gleichzeitig die Gefahr des Missbrauchs: Es kommt immer wieder vor, dass Tierhalter ihr Haustier einfach einschläfern lassen möchten, um es loszuwerden, statt es ins Tierheim zu bringen. Wer (s)ein Tier grundlos einschläfern lässt, macht sich allerdings strafbar, und der Tierarzt, der das Tier tötet, ebenfalls. Selbst ein fortgeschrittenes Alter oder eine Krankheit, die behandelt werden oder durch Medikamente wenigstens unter Kontrolle gehalten werden kann, sind kein Grund, ein Tier einzuschläfern.

Auch finanzielle Erwägungen dürfen bei dieser Entscheidung keine Rolle spielen. Egal, ob eine Operation zu teuer ist oder das Futter nicht mehr bezahlt werden kann: In solchen Fällen und Notsituationen können andere Lösungen gefunden werden. Wenden Sie sich an Ihren Tierschutzverein – allerdings bitte wirklich nur im Fall echter Notsituationen. Denn die

Der Begriff *Euthanasie* leitet sich aus dem griechischen Wort *Euthanasia* ab, und das bedeutet „schöner Tod".

Tierschutzvereine sind normalerweise natürlich nicht dazu da, die Tiere finanziell schlecht gestellter Tierhalter zu subventionieren, sondern sie sind für die vielen herrenlosen Vierbeiner zuständig, für die sich ansonsten überhaupt niemand verantwortlich fühlt. Doch mitunter können die Tierheime einen Paten auch für ein Privattier finden, der dann für Futter oder Tierarztrechnungen oder beides aufkommt. Oder man einigt sich auf eine gegenseitige Hilfe, zum Beispiel, indem der finanziell schwach gestellte Tierhalter sich ohne Bezahlung im Tierheim ein wenig nützlich macht und dafür Futter und die Impfungen seines Tieres bekommt. Bitte nutzen Sie die Hilfe der Tierschützer keinesfalls aus.

Natürlich verweigern Tierärzte häufig die Tötung eines Tieres, wenn es keinen Grund dafür gibt. Mancher Tierhalter versucht es dann einfach bei einem anderen. So kommt es, dass engagierte Tierärzte bei solch einem Anliegen umgehend Tierschützer verständigen. Je nachdem, wie sie die Gefahr für das Tier einschätzen, behalten sie es mitunter sicherheitshalber gleich in ihrer Praxis, um es später von Tierschützern abholen zu lassen. Oder sie tun mitunter sogar so, als würden sie einschläfern, bringen aber stattdessen den bedauernswerten Todeskandidaten heimlich ins Tierheim zwecks Vermittlung oder Organisation eines Altersruhesitzes.

> Wir sollten froh sein, dass uns die Medizin die Möglichkeit gibt, einem Tier ein qualvolles Ende zu ersparen.

Zur Rolle der Tierärzte

Eigentlich müssten die Tierärzte während des Studiums lernen, was in solch einer heiklen Situation vor und nach der schweren Entscheidung eines Tierhalters für eine Euthanasie sowie während der Einschläferung selbst angebracht ist.

Es gibt Fachliteratur, in der ausdrücklich auf die Wichtigkeit eines solchen Moments hingewiesen wird. So schreibt die Zürcher Fachtierärztin für Kleintiere, Brigitte von Rechenberg, in ihrem Artikel *Euthanasie bei Hunden und Betreuung der trauernden Tierbesitzer* (s. Anhang Seite 127): „Kein Tierarzt wird umhin können, sich im Laufe seiner Tätigkeit Gedanken über die psychologischen (und auch philosophischen) Aspekte von Verlust und Tod zu machen." Und an anderer Stelle in dieser Abhandlung heißt es völlig zu Recht: „ ... Besitzer, die keine emotionalen Reaktionen zeigen, sind nicht gleichzusetzen mit ‚nicht-betroffenen' oder ‚nicht-trauernden' Besitzern. Es zeigt lediglich, dass diese Besitzer ihre Emotionen nicht zeigen wollen bzw. können ...."

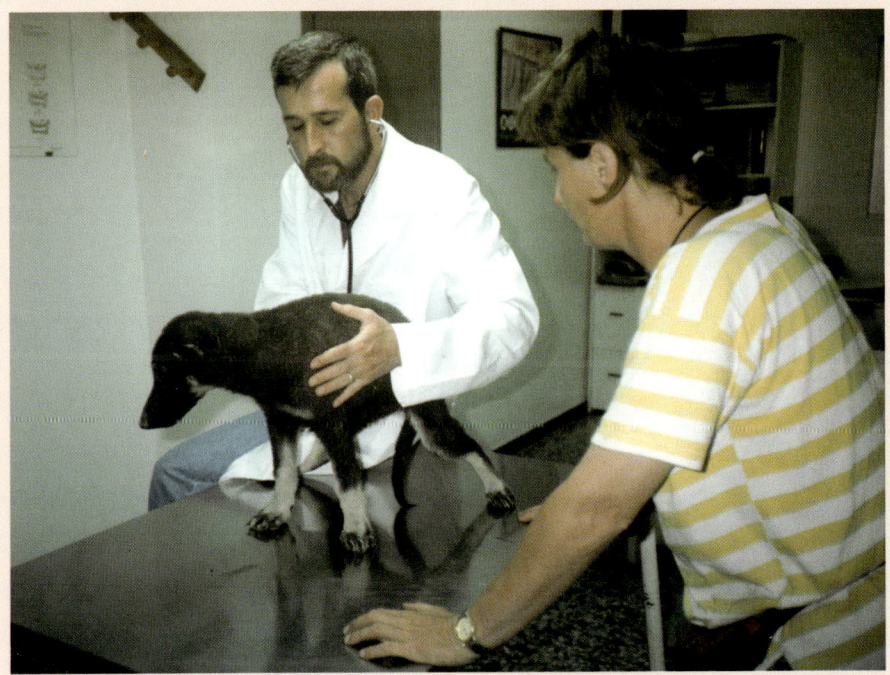

Nur der Tierarzt sollte entscheiden, wann ein Tier eingeschläfert werden muss.

Nicht nur für die Tiere und deren Besitzer, sondern auch für den Tierarzt und seine Mitarbeiter ist die Euthanasie eines Patienten eine (emotionale) Stress-Situation, die ihn in Hochspannung versetzt. Umso wichtiger ist in diesem entscheidenden Moment nun ein konstruktives Hand-in-Hand-Arbeiten zwischen allen Beteiligten.

Manchmal kommt es vor, dass ein Patientenbesitzer dem Tierarzt die Schuld an der Notwendigkeit der Euthanasie gibt, weil er ihm beispielsweise einen Behandlungsfehler oder eine Fehldiagnose unterstellt. Dann kann sich im schlimmsten Fall – zumindest vorübergehend – der Schmerz und die Ohnmacht des Tierhalters über den bevorstehenden Verlust in Aggression und Wut gegenüber dem behandelnden Veterinär verwandeln. Der Tierarzt muss in solch einem Fall besonders gute Nerven haben. Falls Sie Ihrem Tierarzt oder zumindest einer seiner entscheidenden Diagnosen nicht ganz vertrauen, konsultieren Sie rechtzeitig einen zweiten Experten Ihrer Wahl. Kein Tierarzt wird Ihnen das in solch einer folgenschweren Situation übel nehmen. Tun Sie dies aber unbedingt VOR dem Einschläfern und nicht hinterher, wenn es zu spät ist.

Das ist in jedem Fall besser, als hinterher ständig von solchen Gedanken geplagt zu werden und Ihrem Tierarzt mangelhafte Kompetenz zu unterstellen. Verlassen Sie sich in diesem Fall einmal ausdrücklich nicht auf Ihr Gefühl, sondern auf Tatsachen, d. h. auf entsprechende Recherchen bei anderen Ärzten. Die sind nämlich die Experten und nicht Sie. Und noch ein Hinweis an die Tierärzte: Stehen Sie Ihren Patientenbesitzern in solch entscheidenden Momenten mit Kompetenz und Sensibilität bei. Bei den Tierhaltern prägt sich die Erinnerung an solch einen folgenschweren Gang zum Tierarzt intensiv ein. Dazu möchte ich noch einmal eine, wie ich finde, äußerst interessante Einschätzung von Brigitte von Rechenberg zitieren: „Häufig geben Tierbesitzer auf die

Frage, warum ein Tierarztwechsel vorgenommen wurde, als Grund eine unbefriedigende Durchführung der Euthanasie ihres letzten Vierbeiners an. Das Erlebnis wird als traumatisch betrachtet und überschattet irreversibel sämtliche früheren, positiven Erfahrungen mit dem Tierarzt. Auffallend ist, dass nicht nur unzulängliche medizinische Kompetenz ins Feld geführt wird, sondern mit gleicher Bedeutung ungenügende psychische Unterstützung und mangelndes Verständnis für die Tierbesitzer von seiten des Tierarztes genannt werden."

Was bedeutet Einschläfern?

Einschläfern ist eigentlich ein völlig falsches Wort für das, was wirklich damit gemeint ist. Wenn ich ein Baby mühevoll in den Schlaf schaukle oder einem Kleinkind so lange vorlese und mit ihm kuschle, bis es endlich in den Schlaf hinüber-gleitet, dann lässt sich dieser Vorgang genau und wörtlich genommen viel eher als „einschläfern" bezeichnen als der Vorgang, bei dem einem Tier das Leben genommen wird. Mit diesem falschen Wort machen wir uns also bereits etwas vor, denn selbstverständlich schläft das Tier nach der

83

Todesspritze nicht, sondern es stirbt! Selbst wenn wir das Hinübergleiten in den Tod als *Einschlafen* empfinden und bezeichnen, so ist es doch ein Einschlafen für immer, eines, ohne jemals wieder aufzuwachen. Bei Menschen spricht man daher auch von „entschlafen".

Was passiert eigentlich genau, wenn ein Tier eingeschläfert wird?

Es gibt verschiedene Möglichkeiten. Die bei uns gängige und wohl ideale Methode bei einem Hund und einer Katze ist die, ein überdosiertes Barbiturat, also ein Schlaf- oder Narkosemittel, in die Vene zu injizieren. Das Tier verliert sofort das Bewusstsein. Es folgen der Atemstillstand und schließlich der Herzstillstand. Durch die intravenöse Verabreichung des Barbiturates tritt der Bewusstseinsverlust schnell und schmerzfrei ein. Falls die Dosis nicht reichen sollte, wird ein zweites Mal gespritzt. Das Tier spürt davon aber nichts mehr.

Voraussetzungen für diese sehr friedliche Methode sind, dass der Arzt geübt genug ist, die Vene zu treffen und dass das Tier sich nicht widersetzt. Im letztgenannten Fall würde ansonsten doch noch eine Sedation, also eine Beruhigungsspritze oder ein Tranquilizer, notwendig, bevor das Barbiturat in die Vene gespritzt wird. Beim Suchen der Vene steht der Tierarzt in dieser besonderen Situation unter einem speziellen Erfolgsdruck, denn wenn er nicht richtig trifft, verursacht dies dem Tier Schmerzen. Versuchen Sie als Tierhalter daher alles, um den Tierarzt nicht nervös zu machen, vor allem, wenn es sich um einen jüngeren Mediziner handelt, der vielleicht noch nicht so viel Erfahrung hat. Zeigen Sie ihm stattdessen, wie sehr Sie ihm vertrauen, und stellen Sie nicht gerade in diesem Moment die kompliziertesten Fragen.

Während oder sogar nach dem Einschläfern kann es vorkommen, dass sich ein Tier noch bewegt. Das sind jedoch keine bewussten Bewegungen mehr, sondern Reflexe. Auch wenn das Tier, nachdem es bereits tot ist, sich noch einmal löst, d. h. Harn oder Kot absetzt, ist das nicht ungewöhnlich, sondern ganz eindeutig auf biochemische Reaktionen im Körper zurückzuführen.

Andere „Methoden"

Selbstverständlich lässt man ein Tier nur von einem Arzt einschläfern und es nicht etwa auf andere Weise „euthanasieren". Auch hier kommt es mitunter vor, dass Nachbarn oder Bekannte, zum Beispiel, wenn es sich um Jäger handelt, „freundliche Hilfsangebote" machen, um Ihnen den Weg zum Tierarzt zu ersparen. Vor allem in extremen Ausnahmesituationen, beispielsweise nach plötzlichen Unfällen, wenn auch die Besitzer unter Schock stehen, kann es hier zu folgenschweren Fehleinschätzungen und Fehlentscheidungen kommen.

Selbstverständlich lässt man ein Tier nur von einem Arzt einschläfern und es nicht etwa auf andere Weise „euthanasieren".

„Das Tier soll ja nicht leiden"

Vor einigen Jahren wurde in der Nähe von Wiesbaden ein Beagle angefahren. Er war offensichtlich ausgebüchst und alleine unterwegs gewesen. Kein Frauchen oder Herrchen weit und breit. Der Hund lag verletzt auf der Straße und war bei Bewusstsein. Eine Menschentraube versammelte sich schnell um den Unfallort. Da tat sich ein „Mann der Tat" durch blinden Aktionismus hervor und versuchte, das verletzte Tier mit einem Knüppel zu erschlagen, ehe noch einer der Anwesenden einschreiten konnte. Es gibt immer wieder und überall Leute, meist sind es Männer, die meinen, sie alleine seien „Herr der Lage" und wüssten, was jetzt zu tun ist. „Das Tier sollte ja nicht unnötig leiden", meinte der Mann. Er hat tatsächlich mehrmals zugeschlagen, der Beagle lebte immer noch. Schließlich ging jemand, der das Elend und diesen unglaublichen Dilettantismus nicht mehr mit ansehen konnte, dazwischen. Der – inzwischen(!) – wirklich schwer verletzte Hund wurde endlich zum Tierarzt gebracht. Dort stellte man eindeutig fest, dass die beim Unfall erlittenen Verletzungen nicht so schlimm waren und den Hund keinesfalls das Leben gekostet hätten. Doch nach den Schlägen des Mannes war der Hund nicht mehr zu retten und musste eingeschläfert werden.

Hier hilft wirklich nur ein Schuss

Nur in ganz wenigen Ausnahmefällen ist es legitim, ein verletztes Tier auf andere Weise noch vor Ort zu töten und es nicht zum Tierarzt zu bringen und nicht erst aufgrund von dessen Diagnose einschläfern zu lassen. Ich hörte einmal bei einem Sonntagsspaziergang mitten im Wald entsetzliches Wehklagen. Die Schreie führten in ein Brombeergebüsch, in das sich eine Katze verkrochen hatte, bzw. das, was von ihr noch übrig war. Sie schrie entsetzlich, und ich sah schnell, warum: Auf der einen Seite fehlte ihr nahezu die ganze Hälfte des Körpers. So etwas hatte ich noch nie gesehen.
Das Tier musste entweder in eine Falle geraten oder von einem größeren Tier zerrissen worden sein. Hier bewahrheitete sich wieder einmal, dass Katzen so unglaublich zäh sind, dass sie „neun Leben haben". Sie hätte wahrscheinlich noch sehr lange gelitten und wäre langsam und qualvoll verendet.

Solange Ihr Hund trotz Altersbeschwerden noch Freude am Dasein hat, ist sein Leben auf keinen Fall sinnlos.

Natürlich war es völlig aussichtslos, sie aus ihrem Versteck zu holen oder ihr sonst irgendwie zu helfen. So verständigte ich die Polizei. Die Pfungstädter Wache hatte Sonntagsdienst, und zwei Polizisten waren sofort bereit, mit mir zu der Stelle zu gehen. Die Katze war immer noch da und schrie. Die beiden Beamten sahen sich das Tier ebenfalls noch einmal genau an und gaben ihm den Gnadenschuss. Ein Schuss genügte; so etwas sollte man wirklich Profis überlassen. Gehen Sie also bitte nicht achtlos weiter, wenn Sie auf ein verletztes Tier (auch ein verletztes Wildtier) aufmerksam werden. Wenn Sie das Tier nicht (alleine) bergen können, holen Sie Hilfe. Die Polizei oder der Förster sind dafür die richtigen Adressen. Ansonsten können Sie sich auch an einen Tierschutzverein wenden. Falls die Gefahr besteht, etwa bei einem großen Hund, dass Sie selbst beim Versuch, dem Tier zu helfen, gebissen oder anderweitig verletzt werden könnten, gehen Sie kein Risiko ein und holen von vornherein Hilfe.

Wann ist der Moment gekommen?

Den richtigen Moment für einen Abschied für immer zu finden, macht den Tierhaltern häufig am meisten zu schaffen. Verständlicherweise. Dafür lassen sich keine festen Regeln aufstellen. Jeder kennt sein eigenes Tier am besten und weiß daher, wann es „so weit" ist. Jedoch tun sich selbst viele erfahrene Tierhalter sehr schwer mit dieser Entscheidung. Dazu kommt natürlich die Angst vor dem Abschied überhaupt. Ganz leicht führt dies alles zu einer großen Unsicherheit und Trauer, die auf diese Weise schon vor dem Tod des Tieres beginnt.

> Natürlich darf es bei einer solchen Entscheidung immer nur um alte, altersschwache oder unheilbar kranke, dahinsiechende Tiere gehen, bei denen es nur eine Frage der Zeit ist, wann sie sterben werden.

Natürlich darf es bei einer solchen Entscheidung immer nur um alte, altersschwache oder unheilbar kranke, dahinsiechende Tiere gehen, bei denen es nur eine Frage der Zeit ist, wann sie sterben werden.

Der Zeitpunkt ist dann gekommen, wenn ein Tier sich quält, wenn es starke Schmerzen hat, wenn es nicht mehr richtig atmen oder wenn es nicht mehr richtig essen und trinken kann. Das kann Ihnen dann aber auch noch der Tierarzt bestätigen.

Mein Wellensittich Canis

Ich hatte einmal einen Wellensittich namens Canis, der einen unheilbaren deutlich sichtbaren Tumor am Hals hatte, sodass ich fürchtete, er kriegt nicht mehr genug Luft und leidet. Doch anders als bei einem Hund wusste ich die Körpersprache dieses Vogels nicht ganz sicher zu deuten, schon, weil er nie ganz zutraulich war. So irrte ich mich auch prompt, was den Zeitpunkt anging: Es war noch zu früh, und meine Tierärztin schickte uns beide deshalb gleich wieder nach Hause. Sie meinte, Canis würde zwar mit Sicherheit nicht mehr lange leben, leide aber bisher nicht und könne daher durchaus noch eine Weile am Leben bleiben. Das war eine gute Nachricht, und erleichtert fuhr ich gemeinsam mit dem Vogel wieder heim. Er starb dann in der Tat erst einen guten Monat später und von ganz alleine. Ich hatte damals eine sehr gute Tierärztin.

Ratschläge für die Wahl des Zeitpunktes

Bei der Wahl des Zeitpunktes sollte man wirklich nur das Interesse des Tieres im Auge haben und nicht das eigene. Sehr leicht sagt es sich nämlich, dass ein Tier „einfach nicht mehr konnte", also z.B. Kot und Urin nicht mehr halten konnte. In solch einem Fall kommt mir häufig der Verdacht, dass wohl eher Frauchen und Herrchen nicht mehr konnten als das Tier. Natürlich wäre es dann oft sowieso nur noch eine Frage der Zeit gewesen, bis das Tier entweder von alleine gestorben wäre oder wirklich angefangen hätte zu leiden.

Allerdings erscheint es mir manchmal, als ob manche Menschen – selbst solche, die sehr an ihrem Tier hingen – am Ende dessen Tod doch nicht zuletzt deshalb ein wenig beschleunigt haben, weil es ihnen zu viel, zu anstrengend oder zu unappetitlich wurde, was sie sich aber kaum einzugestehen bereit sind. Ich persönlich finde das schade und würde es nicht so machen.

Es gibt aber auch Tierärzte, die hier anderer Meinung sind: Sie sagen, wenn ein (sterbendes) Tier nur noch eine Last für

> Bei der Wahl des Zeitpunktes sollte man wirklich nur das Interesse des Tieres im Auge haben und nicht das eigene.

seine Menschen ist, spürt es das eventuell selbst und leidet darunter, oder es leidet unter der Ablehnung, Lieblosigkeit, unbewussten Aggression oder dem Ekel, die es nun bei seinen – vielleicht inzwischen wirklich überforderten – Menschen hervorruft, vor allem, wenn das Tier solch eine Behandlung nicht gewohnt war – was ja zu hoffen ist. Das sind natürlich durchaus Argumente, die dafür sprechen, den Abschied eher vorzuverlegen. Aber ich persönlich finde es trotzdem jämmerlich, wenn einem langjährigen Lebensge-fährten nicht die Zeit zum Sterben nach seinem Rhythmus und in aller Ruhe zugestanden wird.

Doch manchmal gibt es auch relativ eindeutige Orientierungshilfen: So tat sich unsere TIERE SUCHEN EIN ZUHAUSE-Redakteurin Gina Göss vor einigen Jahren furchtbar schwer damit, dass ihr geliebter Afghane unter einem bösartigen Tumor an der Pfote litt und deshalb keine lange Lebenserwartung mehr hatte. Auch sie hatte bis dahin keine Erfahrung mit der Einschläferung eines Hundes und konnte fast an nichts anderes mehr denken. In diesem Fall war die Prognose jedoch relativ klar: Spätestens in dem Moment, in dem das Geschwür aufplatzt, ist der letzte Gang zum Tierarzt angesagt, und zwar sofort, weil die damit verbundene Blutung nicht mehr in den Griff zu bekommen sein wird. Und genau so wurde es dann auch gemacht.

Mein Mikis

Zu meinem Schäferhund Mikis hatte ich ein extrem inniges Verhältnis, da ich ihn als drei Wochen altes Flaschenkind bekommen hatte. Als er nun im Alter von dreizehn Jahren immer mehr und schneller abbaute, änderte ich meine Kriterien für eine etwaige Einschläferung ständig, fast wöchentlich. Es war aber auch so, dass sich sein Zustand

Erst nachdem Mikis in hohem Alter von einem anderen Hund schwer verletzt worden war, musste ich ihn einschläfern lassen.

nur schleichend verschlechterte, er baute in der Tat einfach ab. Und wie soll man da die Grenzen setzen? Der Anfang vom Ende war, dass er mitunter nicht mehr alleine aufstehen konnte, vor allem, wenn er lange gelegen hatte, zum Beispiel morgens. Er litt unter altersbedingter Arthrose. Schon länger konnte er keine Treppen mehr hochgehen und schlief deshalb nun nicht mehr in unserem Schlafzimmer, sondern im Erdgeschoss. Schließlich konnte es passieren, dass er aufwachte, vielleicht einmal musste, und nun nicht mehr in der Lage war, alleine aufzustehen. Aber nach dreizehn gemeinsamen Jahren ist man ja ein eingespieltes Team. Er fiepte dann auf eine bestimmte, vorher nie gekannte Weise, und ich war immer sofort wach, stürmte die Treppen herunter und half ihm auf. Und auch das Aufhelfen klappte prima. Ich musste ihn dabei nur so stützen, dass seine Pfoten nicht wegrutschten.

Aber sonst ging es ihm gut. Beim Spazierengehen lief er sich richtig warm, er hatte Spaß an allem und insbesondere nach wie vor einen guten Appetit. Nach einer Weile konnte er sich jedoch mitunter auch nicht mehr alleine hinlegen. Aber auch da entwickelten wir gemeinsam eine Lösung. Ich musste ihn nur kurz hochheben und dann auf die Seite legen. Sofort entspannte er sich in dieser Lage und hatte es offensichtlich bequem. Viele Menschen in meiner Umgebung verstanden mich nun nicht mehr: „Lass ihn doch einschläfern", kommentierten sie ungefragt das Geschehen, denn ich war zu dieser Zeit im neunten Monat schwanger und sollte eigentlich keine Schäferhunde mehr hochheben.

Leider kam das Ende dann schneller als erwartet: Bei einem Spaziergang stürzte sich plötzlich eine Husky-Mischlings-hündin ohne Vorwarnung auf Mikis. Er wurde schwer verletzt, ein Vorderlauf war gebrochen. Noch in derselben Nacht musste er von meiner Tierärztin eingeschläfert werden. Die Ärztin bestätigte mir, dass er schlimme Schmerzen hatte und bei seiner Arthrose und in seinem Alter eine Heilung so gut wie ausgeschlossen war. Sie erklärte uns, dass sie Mikis jetzt zunächst eine Beruhigungsspritze geben würde, und unmittelbar nach der zweiten Spritze hörte sein Herz auf zu schlagen. Auch das teilte mir die Ärztin sofort mit. Ich erinnere mich sogar noch an die genauen Worte: „Das Herz schlägt schon nicht mehr." Das „schon" in dem Satz war besonders beruhigend. Mikis starb natürlich in meinen Armen und wurde dabei ununterbrochen gestreichelt.

Sehr wichtig war für mich, dass für diese – immerhin nicht mehr rückgängig zu machende – Entscheidung einzig und alleine die Situation sowie die Heilungs- und Zukunftschancen des Tieres ausschlaggebend waren und nicht etwa, wie man annehmen könnte, die Aussicht, dass ich selbst in den nächsten Tagen ins Krankenhaus gehen würde, um ein Kind zu bekommen. Deshalb sagte ich auch sofort zu meiner Tierärztin: „Mein Zustand darf bei der Entscheidung keine Rolle spielen. Wir kriegen das mit seiner Pflege trotz Geburt und Baby schon irgendwie hin." Und das hätten wir auch, aber es hätte keinen Zweck mehr gehabt; stattdessen hätte der Hund überflüssigerweise noch viel gelitten.

Auch in diesem Fall ging übrigens so mancher Trostversuch von Freunden und Verwandten ziemlich daneben, etwa, wenn jemand sagte: „Na, sei froh, jetzt, wo das Baby da ist, das war doch ein idealer Zeitpunkt."

Ein guter Tierarzt wird nicht darauf bestehen, dass Sie das Tier zum Einschläfern zu ihm in die Praxis bringen, sondern zu Ihnen nach Hause kommen.

In der Praxis oder zu Hause?

Ich würde jedem in solch einer Situation empfehlen, alles dafür zu tun, dass ein Tier seine letzten Atemzüge in der vertrauten Umgebung zu Hause tun darf und nicht noch in eine Tierarztpraxis geschafft werden muss, an einen Ort, der ihm mit großer Wahrscheinlichkeit sein Leben lang extrem unangenehm war und Angst gemacht hat. Ein guter Tierarzt sollte dies möglich machen.

Aber auch hier möchte ich nicht verheimlichen, dass es auch andere Auffassungen gibt. Manche Experten plädieren aufgrund bestimmter Erfahrungen für die Arztpraxis als Ort der Euthanasie, und zwar ganz einfach dann, wenn nicht sichergestellt ist, dass die Durchführung absolut störungsfrei verläuft. In einer belebten hektischen Wohnung, wenn es ständig an der Tür schellt oder das Telefon klingelt, kann die gewünschte Friedlichkeit der letzten Atemzüge Ihres Tieres schnell abhanden kommen. Sorgen Sie also mit aller Rigorosität dafür, dass in einem dafür vorgesehenen Raum Ruhe herrscht. Entscheiden Sie rechtzeitig vorher, wer bei dem Tier bleibt und wer nicht. Nicht, dass es dann zum ungünstigsten Moment noch zu aufgeregten Diskussionen kommt. Kinder sollten durchaus dabei sein, wenn sie es möchten und sensibel genug sind, dem sterbenden Tier in diesem Moment beizustehen.

Erfahrungen

Ich habe durch meinen Beruf schon einigen Einschläferungen beigewohnt. Beim ersten Mal handelte es sich um einen todkranken kleinen Mischling im Tierheim von Loulé in Portugal. Meine Kollegen fragten, ob ich nicht lieber so lange hinausgehen wolle. Ich verneinte und wollte lieber dabei sein, nicht zuletzt auch, um mich auf die Situation vorzubereiten, wenn es bei meinem eigenen Hund einmal so weit sein sollte. Der kleine Mischling schloss friedlich unter permanenten Liebkosungen von der Tierheimleiterin Lieselotte Clauberg-Kranendonk für immer die Augen. Jedesmal, wenn ich miterlebt habe, wie ein Tier eingeschläfert wurde, ging dies absolut friedlich vonstatten. Kein Tier litt dabei auch nur einen Moment. Ich habe mir aber sagen lassen, dass dies nicht immer so sein muss. Manchmal kommt es nach der Beruhigungsspritze noch zu einem fast unerklärlichen Aufbäumen des Tieres, so die laienhafte Beschreibung der betroffenen Tierbesitzer. Für die anwesenden

Ihre Anwesenheit, Ihre Streicheleinheiten und Berührungen werden das Tier in jedem Fall beruhigen.

Angehörigen ist das wohl ziemlich schlimm, für den Tierarzt auch. Der kann aber meist gar nichts dafür, und es ist ihm vor den Patientenbesitzern schrecklich unangenehm, denn er will ja weder Tier noch Mensch unnötig Stress verursachen. Bleiben Sie also bitte auch dann ruhig, wenn Ihr Tier nicht so

Fazit und Zusammenfassung:

◆ Wählen Sie den Zeitpunkt der Euthanasie einzig im Interesse des Tieres aus;

◆ lassen Sie sich, was den Zeitpunkt angeht, nur von Ihrem Tierarzt, gleichfalls betroffenen Familienmitgliedern oder extrem nahestehenden bzw. erfahrenen und sensiblen Personen beraten;

◆ falls Sie einer medizinischen Diagnose misstrauen, konsultieren Sie so früh wie möglich einen zweiten Tierarzt;

◆ lassen Sie Ihr Tier möglichst in den eigenen vier Wänden sterben;

◆ lassen Sie es in seinem letzten Moment auf keinen Fall allein; konsultieren Sie für die Euthanasie wenn möglich Ihren eigenen Tierarzt, der Sie und seinen Patienten entsprechend gut kennt.

ruhig wie gewünscht in den Tod hinübergleitet. Messen Sie dem Aufbäumen nicht über die Maßen Bedeutung bei. Das Tier selbst bekommt das in der Regel gar nicht mehr mit. Außerdem handelt es sich hierbei mit Sicherheit um Ausnahmen. Ich möchte sie hier aber nicht unerwähnt lassen, damit Sie gegebenenfalls auf so etwas vorbereitet sind.

Dass Sie Ihren Hund oder Ihre Katze oder ein Kleintier oder einen Vogel in diesen letzten Minuten auf keinen Fall alleine lassen, sollte eine Selbstverständlichkeit sein, selbst wenn es Ihnen noch so schwer fällt und Ihnen Ihr rücksichtsvoller Tierarzt freundlich anbietet, doch lieber draußen zu warten. Ihre Anwesenheit, Ihre Streicheleinheiten und Berührungen werden das Tier in jedem Fall beruhigen. Und nur das allein ist in diesem Moment wichtig. Danach können Sie an sich denken. Danach können Sie sich gehen lassen und Ihrem Kummer freien Lauf lassen.

Mehr oder weniger gute Ratschläge von anderen

Noch ein Wort zu „guten Ratschlägen" von außen: Wenn Sie sich in dieser schwierigen Situation nicht ganz sicher sind und das Gespräch suchen, so ist das völlig in Ordnung. Tauschen Sie sich mit jemandem aus, der das vielleicht auch schon einmal mitgemacht oder Erfahrungen auf diesem Gebiet hat, ein Tierschützer Ihres Vertrauens zum Beispiel. Leider gibt es aber auch in diesem Fall immer viele ungefragte Ratschläge. Die sind häufig nicht nur mehr oder weniger klug, sondern mitunter sogar

Sie brauchen in dieser Zeit eine gewisse Rücksichtnahme.

auch nur mehr oder weniger gut gemeint. Je nachdem, wie aufdringlich und unsensibel Ihnen solche unerwünschten Tipps gegeben werden, sollten Sie darauf entsprechend deutlich reagieren, zum Beispiel, indem Sie sich diese schlichtweg verbitten. Jetzt ist nämlich nicht der Zeitpunkt, an dem Sie besonders rücksichtsvoll und einfühlsam gegenüber Ihren Freunden und Bekannten sein müssen, sondern umgekehrt: Sie brauchen in dieser Zeit eine gewisse Rücksichtnahme.

Wie sag' ich's meinem Kinde?

Als ich klein war, wünschte ich mir, wie wohl fast alle Kinder, einen Hund. Aber meine Eltern dachten gar nicht daran, einen Vierbeiner ins Haus zu holen. Zum Glück gab es Arno. Arno gehörte meinen Taufpaten und war ein Langhaardackel. Leider ging er gerne alleine spazieren. Wie viele andere Hunde auch, hatte er eine feste Runde, die er täglich ohne Begleitung abging. Meine Pateneltern wohnten auf dem Lande. Es gab damals noch nicht so viele Autos wie heute.

Arno und die Wahrheit

Jahrelang ging es gut, aber eines Tages wurde Arno quasi vor der eigenen Haustüre überfahren. Da ich noch sehr jung, etwa knapp vier Jahre alt war, wollten mich meine Eltern und die Paten vor der Trauer um den liebgewonnenen Hund bewahren und erzählten mir, er sei verkauft worden. Dies war sicherlich gut gemeint, aber man sollte einem Kind lieber die Wahrheit sagen, denn dass ein geliebtes Tier einfach verkauft worden sein sollte, erschütterte mich doch sehr. Ich war grenzenlos von meiner Tante und meinem Onkel enttäuscht und wollte nichts mehr mit ihnen zu tun haben.

Ich weigerte mich sogar, ihnen die Hand zu geben, als sie erstmals ohne Arno kamen, und sprach kein Wort mehr mit ihnen. Wie können Erwachsene auch nur annehmen, sie könnten mit so einer Räuberpistole das Problem erledigen? Für mich ergibt sich aus dieser Kindheitserinnerung das Fazit, dass man Kinder in solch einem Fall nicht anlügen sollte. Das habe

Zu Arno hatte ich trotz meines geringen Alters eine innige Beziehung.

ich mir gemerkt und mir fest vorgenommen, es mit meinen Kindern anders zu machen. Ratschläge von Wissenschaftlern, auf die ich während der Recherchen zu diesem Buch gestoßen bin, bestätigen übrigens, dass dieses Verhalten richtig ist.

Paquita und meine eigenen Kinder

Leider hat es bereits eine Situation gegeben, in der auch mein Mann und ich vor dieser Situation standen. Als unsere Paquita unglücklicherweise in der Regentonne ertrank, standen wir vor dem Problem, dies unserer damals fünfjährigen Tochter Charlotte, die Paquita als ihre Katze ansah, sowie ihrer gerade zweijährigen kleinen Schwester sagen zu müssen.

Gott sei Dank waren die Kinder zufällig gerade bei den Großeltern, als wir Paquita fanden. So blieb uns bis zu ihrer Rückkehr Zeit zum Nachdenken. Was sollten wir ihnen sagen? Paquita ist einfach verschwunden, vielleicht weggelaufen? Ein absurder Gedanke. Und wie hätten wir der treuen Seele Unrecht getan und Charlotte enttäuscht. Überfahren oder sonst wie gestorben? Nein. Wir entschieden

Es fiel uns sehr schwer, Charlotte die Wahrheit über Paquitas Tod zu sagen.

uns für die Wahrheit, aus verschiedenen Gründen: Zum einen hätten wir uns garantiert irgendwann einmal versprochen, oder Charlotte und Amelie hätten zufällig zugehört, wie wir jemand anderem die Wahrheit erzählten. Mir war klar, dass wir gegenüber anderen das Geschehene eher häufig erwähnen würden, schon, um andere Katzen oder Tiere vor einem ähnlichen Schicksal zu bewahren und andere Haustierhalter auf die Gefahr aufmerksam zu machen. Zum anderen wusste ich von mehreren ganz ähnlichen Unfällen, bei denen kleine Kinder ums Leben kamen, sodass wir dachten, vielleicht rettet es unseren oder anderen Kindern sogar einmal das Leben, wenn sie auf diese drastische Weise erfahren, wie gefährlich, ja lebensgefährlich Wasser sein und wo und wie (leicht) man ertrinken kann. Bei dieser Entscheidung gingen wir außerdem davon aus, dass eine Fünfjährige keinen Unterschied zwischen Tod durch Überfahren oder Ertrinken macht, also nicht weiß, wie lange ein Todeskampf im Wasser dauern kann. Wie auch immer, nun hatten wir zusätzlich zu unserer eigenen Trauer noch das Problem, zwei Kinder zu informieren und zu trösten. Vor allem das Trösten stellte sich als schwierig und schmerzhaft heraus, schon weil es nie ein Ende nahm. Das war für uns nicht nur sehr anstrengend, sondern auch sehr traurig. Ständig sprach Charlotte von ihrer Paquita, haderte mit dem Schicksal und hat auch heute, drei Jahre später, die verschmuste kinderliebe Grautigerin keineswegs vergessen. Aber das haben wir eigentlich auch nicht anders erwartet. Und es würde mich eher irritieren, wenn es nicht so wäre.

Angebote – Was Psychologen und andere Experten raten

Oft ist es so, dass Kinder, genau wie selbst mancher erwachsene Tierhalter, durch den Verlust eines Haustieres erstmalig mit dem Tod konfrontiert werden und damit mit der eigenen Sterblichkeit und der aller Lebewesen.

Je nach religiöser Ausrichtung kann man Kindern nun die versöhnliche Vision anbieten, das verstorbene Tier sei nun im Katzen- oder Hundehimmel oder im Himmel allgemein – und dort nun z. B. vereint mit Oma oder Opa oder anderen Vorfahren, Verwandten oder Bekannten, die nicht mehr leben, die das Kind aber zumindest vom Erzählen oder von Fotos her kennt. Es kann durchaus tröstlich und beruhigend für ein Kind sein, das verstorbene Tier in guter Obhut und liebevoller Gesellschaft zu wissen, also bei Tieren und Menschen, denen das Kind vertraut, weil es von ihnen nur Gutes gehört hat.

Insofern tröstet man ein Kind im Falle eines verstorbenen Haustieres kaum anders, als sei ein zweibeiniges Familienmitglied, ein Freund oder Verwandter von uns gegangen. Findet ein Kind darüber hinaus Trost und Gefallen an dem Gedanken, der verstorbene Hund schaue nun vom Himmel auf das Kind herab und fungiere von dort aus als eine Art Schutzengel, dann ist dieses Bild sicherlich in Ordnung. Aufdrängen sollte man diese Perspektive aber auf keinen Fall. Um zu erfahren, was dem Kind hilft, was es haben und hören möchte, fragt man es – mit der nötigen Sensibilität – am besten selbst.

Auch Psychologen empfehlen, möglichst den Kindern die Wahl des Trostes zu überlassen. D. h. man kann ihnen entgegenkommen auf dem Weg der Trauer, zum Beispiel, indem man ihnen die Hilfen anbietet, die sie bevorzugen.

Sie kennen Ihre Kinder gut genug, um zu wissen, womit sie etwas anfangen können.

In der Regel bevorzugen Kinder konkrete Vorstellungen. Ein Grab ist konkret – ebenso ein Album mit Erinnerungsfotos. Aber auch der Hinweis und das Versprechen, dass das verstorbene Tier in Gedanken immer bei der Familie bleiben und unvergessen sein wird und die Idee, dass auch dies eine Art des Weiterlebens ist, können hilfreich sein. Vielleicht hat ein Schulkind auch Lust, einen Brief an das tote Tier zu schreiben und diesen mit ins Grab zu legen? Ein Kindergartenkind könnte entsprechendes mit einem selbst gemalten (Abschieds)Bild machen.

Neben all diesen fantasievollen Möglichkeiten raten Psychologen jedoch, was das eigentliche Geschehen sowie die Bedeutung und die Folgen des Sterbens angehen, ganz eindeutig zur Wahrheit. Das Tier ist nun einmal nicht mehr da und wird auch nie wieder zurückkommen. Und das ist für alle furchtbar traurig. Aber daran ist nun einmal nichts zu ändern. Auch die Todesursache sollte offen ausgesprochen werden – falls sie nicht zu grausam ist. Kinder sollten sowieso lernen, dass es Krankheiten und Unfälle gibt, die zum Tode führen.

Daher sollten auch Eltern durchaus offen trauern. Alles andere würde ein Kind zu Recht völlig verwirren und verunsichern. Selbst die Anwesenheit bei der Einschläferung, oder noch besser, die Einbeziehung eines Kindes in die Entscheidung über eine Euthanasie wird von Fachleuten als durchaus sinnvoll empfunden, zumindest als Überlegung empfohlen. Auch Brigitte von Rechenberg ist der Meinung, Kinder sollten durchaus „anwesend sein, da es ihnen die Möglichkeit bietet, das Erlebnis des Todes ihres Lieblings zu verarbeiten. Oft bringen Kinder sogar ein recht natürliches Verständnis dafür auf und können mit dem Tod besser umgehen als ihre Eltern. In jedem Falle sollte vermieden

werden, dass Kinder über den Tod ihres Tieres belogen
werden. Ohne Trauerbewältigung kann jeder spätere Besuch
beim Tierarzt (evtl. auch der Besuch beim Humanmediziner)
für sie zu einem von Angst geprägten Erlebnis werden."

Das deckt sich auch mit den Recherchen
von Thekla Vennebusch, die in einer
Broschüre zum Thema *Der Tod eines
Tieres* (s. Anhang S. 127) zu dem Schluss
kommt: „War das Tier Mitglied einer
Familie mit Kindern, so sollten auch
diese auf Wunsch die Möglichkeit
haben, das Tier in seinen letzten Minu-
ten zu begleiten. Besonders für Kinder kann es wichtig sein,
dass ein vertrautes Tier nicht einfach aus ihrem Leben ver-
schwindet. Wissenschaftliche Studien haben gezeigt, dass

Daher sollten auch Eltern durchaus offen trauern. Alles andere würde ein Kind zu Recht völlig verwirren und verunsichern.

*Lügen Sie Ihr Kind nicht an, sondern sagen Sie ihm so ein-
fühlsam wie möglich die Wahrheit über den Tod seines Tiers.*

Kinder, die dabei sind, wenn ihr Tier ruhig einschläft und sich so mit eigenen Augen vergewissern können, dass es ihm dabei gut geht, mit dem Verlust erstaunlich gut umgehen können." Eine leider häufig gebrauchte Formulierung wie „Es schläft jetzt." sollte jedoch vermieden werden. Schließlich trifft sie ja auch kein bisschen die Realität. Gerade kleinere Kinder könnten durch diesen Gedanken völlig verunsichert werden und im schlimmsten Fall Schlafstörungen entwickeln. Denn, wer weiß, ob man je wieder aufwacht. Sprechen Sie also lieber offen vom „Sterben" und dem „Tod".

So trauern Sie mit Kindern

◆ Sagen Sie Ihren Kindern ehrlich, was passiert ist;
◆ erfinden Sie keine Geschichte, diese könnte das Kind noch mehr irritieren als der Tod;
◆ trauern Sie selbst offen, dann traut sich auch Ihr Kind, seine Gefühle zu zeigen;
◆ Kinder bevorzugen konkrete Vorstellungen, beispielsweise ein Grab;
◆ wenn es Ihrer religiösen Überzeugung entspricht, können Sie den Himmel als neuen „Aufenthaltsort" des Tieres zitieren;
◆ Metaphern wie „Es schläft jetzt." sollten vermieden werden.

Fazit

Lügen Sie Kinder nicht an. Keinesfalls ist eine Tabuisierung des Themas hilfreich, wie viele Eltern vielleicht denken könnten. Der Tod eines geliebten Haustieres könnte für Kinder eine Chance sein, den Tod im Allgemeinen zu begreifen. Sie müssen lernen, dass alle einmal sterben müssen.

Unterstützung durch (Bilder)Bücher

Mit Unterstützung des Forschungskreises *Heimtiere in der Gesellschaft* und dem Konrad Lorenz Kuratorium erschien 1995 ein in der Tat sehr hilfreiches Bilderbuch mit dem Titel *Baffy* von Elizabeth Dale mit Illustrationen von Frédéric Joos. Darin wird – auch schon für ganz kleine Kinder verständlich – die Geschichte eines kleinen Jungen erzählt, dessen bester Freund sein Hund Baffy ist. Alles unternehmen die beiden gemeinsam, sind schier unzertrennlich, bis plötzlich und unerwartet der Tod sie trennt. Baffy hatte eine Krankheit bekommen, an der er schon nach kurzer Zeit starb. Benny ist zunächst fassungslos und für eine lange Zeit absolut untröstlich. Erst am Ende nimmt er schließlich doch das Angebot seiner Eltern an und wünscht sich einen neuen Hund. Aber er

Lügen Sie Kinder nicht an. Keinesfalls ist eine Tabuisierung des Themas hilfreich, wie viele Eltern vielleicht denken könnten.

Auch die kleinsten Kinder können schon eine innige Beziehung zu Tieren haben.

sucht sich bewusst das genaue Gegenteil von seinem Baffy aus, eine kleine Hündin, die er Taps nennt. Diese schöne Geschichte können Sie kostenlos beim o. g. Forschungskreis anfordern (Adresse s. Anhang S. 125).

An dieser Stelle wollte ich Ihnen eigentlich noch ein weiteres fantastisches Bilderbuch empfehlen, das aber leider nicht mehr aufgelegt wird. Also, falls Sie es auf irgendeinem Flohmarkt oder in einem Antiquariat entdecken sollten, so ist dies ein großes Glück und Sie sollten zugreifen. Es ist ein wunderbares Bilderbuch für kleine Tierhalter ab vier Jahre und heißt: *Ich hab dich so lieb!* Es wurde von dem gebürtigen Bremer Hans Wilhelm verfasst und liebevoll illustriert. Hans Wilhelm lebt schon seit vielen Jahren in der Nähe von New York, und so ist dieses hilfreiche Buch auch zuerst in Englisch erschienen – Originaltitel: *I'll Always Love You*, New York, N.Y.: Crown Publishers, 1985. Vielleicht bekommt man es ja wenigstens noch irgendwo auf Englisch.

Auf einfühlsame und für Kinder verständliche Art wird darin erzählt, wie ein kleiner Junge schließlich langsam beginnen muss, Abschied zu nehmen von seiner geliebten Hündin, mit der er zusammen aufgewachsen ist. Kinder lernen daraus, dass Hunde eine andere Lebenserwartung haben als wir Menschen, wie sie sich im Alter verändern und wie man ihnen, wenn sie nicht mehr so können wie früher, helfen und das Leben bis zum Ende so angenehm wie möglich gestalten kann.

Warum erwähne ich das so ausführlich, obwohl die Chance zugegebenermaßen ausgesprochen gering ist, dass Sie dieses Kinderbuch irgendwo kaufen können? Vielleicht können Sie nun diese schöne Trost-Geschichte auch ohne das Buch ver-

Vielleicht können Sie nun diese schöne Trost-Geschichte auch ohne das Buch verwenden und Ihren Kindern erzählen und dabei vielleicht noch die eine oder andere Begebenheit aus eigener Erfahrung hinzufügen oder sich etwas ausdenken?

wenden und Ihren Kindern erzählen und dabei vielleicht noch die eine oder andere Begebenheit aus eigener Erfahrung hinzufügen oder sich etwas ausdenken? Oder Sie malen sich gemeinsam mit Ihrem Kind selbst ein eigenes Bilderbuch, vielleicht mit der eigenen Haustier-Geschichte?

Kleintiere mit geringer Lebenserwartung – ein spezieller Fall

Überlegen Sie sich bereits bei der Anschaffung bzw. Auswahl eines Tieres, was es für die Familie und vor allem für die Kinder bedeutet, wenn es eines Tages stirbt.
Zu Kleintieren wie Kaninchen oder Meerschweinchen haben Kinder vielleicht nicht ganz so eine enge und intensive Beziehung wie zu einem Hund oder einer Katze, aber sie ist sicher so innig, dass der Tod des Tieres als schmerzlicher Verlust empfunden wird. Vergleichen Sie hierzu bitte Seite 73 ff.

Auch der Tod des geliebten Hamsters sollte von Eltern nicht auf die leichte Schulter genommen werden.

Tierfriedhöfe und Bestattungen

In allen Epochen und ganz verschiedenen Kulturen war es den Menschen ein großes Bedürfnis, ihre Angehörigen zu bestatten.

Je nach Land, Zeitalter und Religion geschah dies in ganz unterschiedlicher Form und vor allem mit unterschiedlichem Aufwand, von den Pyramiden, in denen mit dem Pharao unglaubliche Schätze und am liebsten auch gleich noch dessen halber Hofstaat begraben wurden, bis zum schlichten Holzkreuz oder gar Massengrab gibt und gab es alle nur erdenklichen Varianten. Offensichtlich ist es uns Menschen also wichtig, was mit unseren Toten geschieht. Wir brauchen Begräbnisrituale.

Gräber

Und wir brauchen sie offensichtlich auch für unsere Haustiere. Schon der Pharao nahm bekanntlich seine Lieblingstiere gerne mit ins Grab. Das möchte ich aber nicht zur Nachahmung empfehlen, denn das arme Tier starb ja in den seltensten Fällen von Natur aus gleichzeitig mit seinem Herrn, sondern wurde in der Regel extra zwecks Doppel- oder Gruppenbegräbnis umgebracht.
Das ist vergleichbar mit einem leider heute sehr weit verbreiteten Gedanken, nach dem erstaunlich viele Tierhalter bestimmen, dass ihr Haustier, meistens Hund oder Katze, nach ihrem Tod eingeschläfert werden sollen, weil kein Angehöriger da ist, der sich des Tieres annehmen würde. Erst kürzlich hatten wir wieder einen solchen Fall; eine Frankfurter Tierärztin sollte einen völlig unproblematischen

und daher leicht zu vermittelnden, erst fünfjährigen(!) Mischling einfach einschläfern, weil sein Frauchen ins Pflegeheim kam und dachte, das sei das Beste für ihren Liebling. Das ist eine Mischung aus falscher Liebe, Sentimentalität und grenzenloser Arroganz. Wie können diese Menschen sich so sicher sein, dass ihr

Einige Pflege- und Altenheime gestatten heute Haustiere.

Tier bei keinem anderen Menschen glücklich sein könnte?! Doch das ist eine andere Geschichte. Zurück zu den Gräbern: Auch Richard Wagner wollte neben seinem Hund begraben werden, natürlich in der heiligen Erde von Bayreuth im Schatten des Festspielhauses. Neben Wagners Grabmal entdeckt der Betrachter eine weitere Steinplatte mit der Inschrift: *Hier ruht und wacht Wagners Russ* (vgl. Abb. S. 114). Das wissen selbst viele Wagnerianer nicht, dass dem Meister sein Hund so wichtig war.

Der große Schauspieler und Tierfreund Will Quadflieg und seine Frau haben nach einem langen Leben mit vielen Tieren, vor allem Hunden, mittlerweile einen regelrechten kleinen Tierfriedhof in ihrem Garten, so richtig mit Kreuzen, Namen und Lebensdaten. Wir haben Mikis und Paquita sowie mehrere Wellensittiche auch in unserem Garten beerdigt.

Früher, als wir noch keinen eigenen Garten hatten, haben wir unsere verstorbenen Tiere im Wald begraben, obwohl das gar nicht erlaubt ist.

Wie wichtig einem Hinterbliebenen ein Grab ist, ist individuell völlig unterschiedlich. Für viele Menschen ist es eine Hilfe und ein Trost, wenn sie ein Grab besuchen und pflegen können. Wer nicht die Möglichkeit hat, das Tier im eigenen Garten oder dem von Freunden oder Verwandten zu begraben, der hat häufig ein echtes Problem. Denn nicht jeder möchte sein Tier einfach irgendwo im Wald zurücklassen. Außerdem ist das Beerdigen eines Tieres im Wald oder in öffentlichen Grünanlagen und Parks nicht erlaubt.

Und selbst auf einem Privatgrundstück ist es nicht überall gestattet. In der Nähe von Wasserschutz- und in Naturschutzgebieten z. B. darf man kein totes Tier im Garten vergraben. Außerdem gibt es von Bundesland zu Bundesland unterschiedliche Regelungen, die u. a. auch von der Größe eines Tieres abhängen.

An der Seite Richard Wagners liegt sein Hund begraben.

Die Beerdigung eines Tieres ist im Tierkörperbeseitigungsgesetz, einem Bundesgesetz, wie folgt geregelt:

§ 5 Absatz 2: Einzelne Körper von Hunden, Katzen, Kaninchen, unter vier Wochen alte Schaf- und Ziegenlämmer sowie einzelne Körper von Geflügel oder in Tierhandlungen gehaltene Kleintiere und Vögel dürfen auf geeignetem und von der zuständigen Behörde hierfür besonders zugelassenen Plätzen oder auf einem Gelände, jedoch nicht in der Nähe von öffentlichen Wegen und Plätzen, bestattet werden. Die Tierkörper müssen so zu liegen kommen, dass sie von einer ausreichenden, mindestens 50 cm starken Erdschicht, gemessen vom Rand der Grube, bedeckt sind.

Wenn Sie Ihr Tier in einer Tierarztpraxis einschläfern lassen, so ist die Tierkörperverwertungsanstalt die letzte Station, es sei denn, Sie intervenieren und wollen das tote Tier wieder mitnehmen. Die meisten Tierärzte fragen Sie, was Ihnen lieber ist und ob Sie irgendwo eine Möglichkeit zur Beerdigung haben. Dass diese Frage gestellt wird, darauf kann man sich jedoch nicht hundertprozentig verlassen. Einem Freund meiner Eltern, einem älteren Herrn, dessen Cockerspaniel vom Auto angefahren und dabei so übel verletzt worden war, dass er beim Tierarzt starb, wurde erst später in seiner Wohnung so richtig bewusst, was eigentlich passiert war und dass er ohne Hund wieder nach Hause gegangen war. Seinen Hund in der Tierkörperverwertungsanstalt zu wissen, war für ihn nun noch ein zusätzlicher Schock, und er kam sich wie ein Verräter an seinem Tier vor. Aber nun war es zu spät.

Ich tröstete den Mann, so gut es ging, und sagte ihm, dass das der Hund nun wirklich nicht mehr merkt und dass dies doch wohl jetzt das geringste Problem sei. Und das war auch wirklich meine aufrichtige Meinung. Schlimm war dagegen schlichtweg, dass der Hund nicht mehr lebte.

Um die Tierkörperverwertungsanstalt als allerletzte Station kommt man allerdings kaum herum, wenn man sein Tier obduzieren lässt. Falls es gute Gründe für eine Autopsie gibt, wie den Verdacht auf eine Vergiftung oder eine Infektionskrankheit, von der auch andere Tiere betroffen sein könnten, so würde ich nicht darauf verzichten, nur, weil man dann keine Leiche bekommt. Die Gewissheit über die Todesursache sollte einen höheren Stellenwert einnehmen als das Bedürfnis nach einem Grab.

Tierfriedhöfe

Es gibt auffallend viele Tierhalter, die gerne einen Tierfriedhof in ihrer Nähe hätten, wo sie später ihren Liebling beerdigen und dessen Grab besuchen könnten. An den Briefen, die ich zu diesem Thema immer wieder bekomme, sehe ich, wie wichtig das vielen Leuten ist und wie sehr sie sich damit beschäftigen. So wurde das Thema *Tierfriedhof* schließlich auch eines für die Kommunen und die Tierschutzvereine, die ständig entsprechende Anfragen bearbeiten müssen.

Mitunter gibt es Unterschriftensammlungen, Podiumsdiskussionen, Presseartikel und Fernsehsendungen bzgl. der Forderung nach Tierfriedhöfen. Manche Kampagne hatte Erfolg, und daher existieren inzwischen schon einige solcher Einrichtungen, vor allem in den deutschen Großstädten. Laut Auskunft des 1998 gegründeten *Bundesverbandes der*

Tierbestatter e.V. (Kontaktadresse s. Anhang, S. 125), gibt es in Deutschland derzeit immerhin ca. 85 Tierfriedhöfe und ein Krematorium für Tiere sowie etwa 20 Tierbestatter, die weitere Dienstleistungen in diesem Bereich anbieten. Eine Liste – ohne Anspruch auf Vollständigkeit – sowie weitere Informationen finden Sie im Internet auf der Homepage des Verbandes (s. Anhang S. 125). Im Internet finden Sie darüber hinaus unter den entsprechenden Stichworten, wie z.B. *Tierbestattung*, noch weitere Anbieter und Friedhöfe.

In Frankfurt hat der Tierschutzverein einen Tierfriedhof eingerichtet.

Wenn Sie wissen wollen, ob sich auch in Ihrer Region ein Tierfriedhof befindet, kontaktieren Sie eine der im Anhang aufgelisteten Adressen, oder Sie erkundigen sich bei Ihrem

Tierschutzverein oder im Rathaus bzw. bei Ihrer Stadt- oder Gemeindeverwaltung. Bestimmt kann Ihnen jedoch auch Ihr Tierarzt weiterhelfen.

Vermeiden Sie jedoch kommerzielle und oft, was die Gebühren angeht, mehr oder weniger teuere Hotlines, wie zum Beispiel angebliche Seelsorgenummern oder Telefonhilfen.

Beispiel Frankfurt am Main

Bitte haben Sie Verständnis dafür, dass ich hier nicht alle Preise, Möglichkeiten und Konditionen auflisten kann, die sich zudem immer wieder verändern. Damit interessierte Tierfreunde sich aber wenigstens eine grobe Vorstellung von den Kosten machen bzw. entsprechend vergleichen können, hier einige Informationen am Beispiel eines Großstadt-Tierfriedhofs.

Im Frankfurter Stadtteil Rödelheim ist es dem Tierschutz-verein der Mainmetropole am 11. Dezember 1996 endlich gelungen, den lang ersehnten und von vielen Bürgern geforderten Tierfriedhof auf 8500 Quadratmetern zu eröffnen. Zwar musste die Einrichtung offiziell als Gewerbe angemeldet werden, wird jedoch vom Frankfurter Tierschutzverein als alleinigem Gesellschafter betrieben, sodass der Gewinn aus der Anlage voll und ganz den lebenden Schützlingen im Tierheim von Frankfurt-Fechenheim sowie dem dazugehörigen Gnadenhof in der Wetterau zugute kommt. Das gleiche gilt übrigens auch für den Tierschutzverein und Tierfriedhof in Nürnberg, der praktischerweise gleich gegenüber vom Tierheim liegt.

In Frankfurt gibt es die Möglichkeit, ein individuelles Tiergrab oder aber einen Platz unter dem „grünen Rasen" zu pachten.

Kosten

Die Pacht für ein kleines Tiergrab für Katzen und kleine Hunde kostet derzeit ca. 225 Euro bzw. 450 Mark für die Dauer von drei Jahren und für ein großes Grab, also eines für größere und große Hunde, ca. 275 Euro, also 550 Mark, egal ob als Individualgrab oder unter dem „grünen Rasen". Mitglieder des Tierschutzvereins Frankfurt müssen ca. 50 Euro bzw. 100 Mark weniger bezahlen. Nach Ablauf der drei Jahre ist eine Verlängerung der Pachtzeit für rund 50 Euro, also 100 Mark pro Jahr möglich. Für das Begräbnis muss man etwa 75 Euro bzw. 150 Mark bezahlen; das beinhaltet den Transport des toten Tieres, das Ausheben und Einrichten des Grabes sowie die Beerdigung selbst. Tierbehälter ersetzen einen Sarg und kosten etwa zwischen 7,5 und 27,5 Euro, liegen also zwischen 15 und 55 Mark. Außerdem bietet der Verein einen hölzernen Grabrahmen für ca. 60 bis 75 Euro (120 bis 150 Mark) sowie eine Grabtafel aus Holz für ca. 22,5 Euro (45 Mark) plus ca. 3,5 Euro (7 Mark) für die Schrift an. Wer will, kann natürlich auch einem Grabstein den Vorzug geben. Für Kleintiere gibt es Sonderpreise.

Dieser Preisvergleich kann helfen, seriöse Anbieter von unseriösen Wucherern zu unterscheiden, die mitunter die Not und das Leid eines Tierfreundes ausnutzen, um Gräber für mehrere tausend Mark an trauernde Frauchen oder Herrchen zu bringen.

Tierschutz und Tierfriedhof

Das Anliegen, einen Tierfriedhof zu gründen, wird immer wieder auch an Tierschutzvereine herangetragen, vor allem dann, wenn die Gemeinden sich nicht zuständig fühlen oder der Forderung ablehnend gegenüberstehen. Nun mag es ein freundlicher Akt sein, wenn sich die Tierschutzvereine daraufhin an die Arbeit machen, Genehmigungen erstreiten und ein Grundstück zur Verfügung stellen oder sogar extra ankaufen. Nur eines sollte ganz klar sein: Sich für einen Tierfriedhof einzusetzen, hat nichts mit Tierschutz zu tun, sondern ist ein Beitrag zum Menschenschutz.

Es ist wichtiger, sich um die lebenden Tiere zu kümmern als um die toten.

Das Tier hat nämlich nichts mehr davon, wenn es einmal tot ist. Aber seine Menschen, die tröstet das kleine Grab. Sie freuen sich, wenn sie Gleichgesinnte auf dem Friedhof treffen. Darunter befinden sich gerade viele ältere Menschen, die sonst wenig Abwechslung haben, einsam sind und sich über einen Plausch auf einer Bank freuen. Hierin unterscheidet sich der Tierfriedhof kein bisschen von dem für Menschen. Ein wenig ärgerlich ist jedoch, wenn das Thema *Tierfriedhof* als so wichtig und zentral angesehen wird, dass darüber der Tierschutz in den Hintergrund gerät. Es ist nämlich schlichtweg wichtiger, sich um die lebenden Tiere zu kümmern als um die toten.

Die Vorsitzende eines Tierschutzvereins in Südeuropa berichtete mir ganz stolz und begeistert über ihre Pläne für einen Tierfriedhof, auf dem vor allem die verstorbenen herrenlosen Schützlinge des Tierheims eine letzte Ruhestätte finden sollten. Den schönsten und schattigsten Platz auf ihrem teuer erkämpften Gelände wollte sie dafür nutzen. Ich antwortete, dass das – wenn überhaupt – nur dann legitim wäre, wenn die lebendigen Hunde das Terrain trotzdem als Auslauf benutzen und über die Gräber der Artgenossen toben dürften.

Sinnvoll ist es, wenn die Einnahmen eines Tierfriedhofes dem Tierschutz zugute kommen.

Am ärgerlichsten war die Tatsache, dass das Ganze tatsächlich in einem Land verwirklicht werden sollte, in dem immer noch täglich Hunde und Katzen in den städtischen Tierasylen (in Spanien: „Perreras") getötet werden und es die wirklich bemühten Tierschützer nicht einmal schaffen, alle gesunden und vermittelbaren dieser Tiere rechtzeitig aus den Tötungsstationen herauszuholen. Es fehlt am Geld und an der Aufnahmekapazität. Solange die lebenden Tiere nicht gerettet werden können, so lange sollten Kraft und finanzielle Mittel nicht für Tierfriedhöfe verwendet, um nicht zu sagen verschwendet, werden.

Ein britischer Tierschutzverein macht es anders. In einem seiner Tierheime werden kleine Gedenktafeln mit den Namen und Daten der Schützlinge in einer Mauer verewigt. Das hilft den toten Tieren zwar auch nicht mehr, kostet aber wenigstens nicht viel Geld und vor allem keinen wertvollen Platz. Bisher noch nicht in Süd- oder Osteuropa, aber in unseren Breiten gibt es übrigens doch einen Aspekt, unter dem ein Tierfriedhof auch gut für den Tierschutz sein und den lebendigen Tieren helfen kann, nämlich den finanziellen. Kommen die Einnahmen eines Tierfriedhofs – so wie z. B. in Frankfurt a. M. oder Nürnberg – dem Tierschutzverein zugute, oder zumindest ein Teil davon, so können sich die Vereine auf diese Weise eine nicht zu unterschätzende Geldquelle sichern, Geld, das sie dringend für ihre Schützlinge brauchen. Erkundigen Sie sich deshalb, ob das im Falle des von Ihnen gewählten Friedhofes auch so ist und geben Sie bitte diesen Einrichtungen der Tierheime den Vorzug.

Andere Möglichkeiten

Der Tierschutzverein München hat viel Geld investiert, um ein Krematorium zu bauen, ein Service für viele Tierfreunde, die ihr verstorbenes Tier einäschern lassen möchten. Solch eine Einrichtung gibt es auch in Wien und in den Niederlanden, nämlich in Beek. Eine aktuelle Preistafel finden Sie im Internet (Adresse s. Anhang, S. 125). Danach kostet beispielsweise die „individuelle Einäscherung" eines großen Hundes derzeit 103 Euro, also rund 200 Mark. Man kann dann sein Tier bzw. dessen Asche in einer entsprechenden

Urne bestatten oder aufbewahren. Manch einer stellt sich solch eine Urne ja auch in den Wohnzimmerschrank. Eine „kollektive Einäscherung" kommt deutlich billiger und kostet für einen Hund mit einem Gewicht über 40 kg 69 Euro, also knapp 140 Mark.

Für Tierhalter, die keine Möglichkeit einer Bestattung haben oder eben nicht das tote Tier mit nach Hause nehmen können oder wollen, gibt es inzwischen sogar einen Virtuellen Friedhof: www.VirtuellerFriedhof.de.

Geschäftemacherei

Immer wieder flattern mir Prospekte mit Angeboten von speziellen Tiersärgen und anderen Trauer-Utensilien auf den Schreibtisch. Was soll der Unsinn? Wickeln Sie Ihr Tier in eine Decke oder ein Tuch oder nehmen Sie einen Korb oder sein Körbchen oder einen Pappkarton, um es zu beerdigen. Legen Sie, wenn Sie möchten, sein Lieblingsspielzeug dazu oder heben Sie es für seinen Nachfolger auf oder schenken Sie es einem Nachbartier oder dem Tierheim.

Es gibt Tierfriedhöfe und Bestattungsunternehmen, die einen regelrechten Rundum-Service anbieten: Vom Sarg und Grabstein über Transportübernahme und Grabpflege bis hin zur Trauerrede! Hier wird die Situation von trauernden, todunglücklichen Tierfreunden ausgenutzt.

Sparen Sie sich das Geld für einen wertvollen Sarg, eine überteuerte Urne und anderen überflüssigen Schnickschnack. Wenn Sie etwas ausgeben möchten, dann spenden Sie das Geld an einen Tierschutzverein. Das zeigt Ihre Liebe zu einem Tier viel eher als befremdliche größere Investitionen, die, bis auf die Namenstafel, schlichtweg unter der Erde landen, wo sie niemandem nutzen, auch nicht dem verstorbenen Tier.

Nachwort

Wenn Ihre Mitmenschen Sie in Ihrer Trauer kritisieren, wenn sie kein Verständnis für Ihren Schmerz haben, wenn sie Ihnen gar Vorwürfe machen, dass Sie ein Tier so wichtig nehmen, dass Sie darum trauern, dann sind diese Menschen entweder gefühlsarm und zu bedauern, oder - und das finde ich noch schlimmer - es sind Menschen, die einfach eifersüchtig auf die Gefühle sind, die ein anderer Mensch TIEREN gegenüber hegt. Unbewusst, so glaube ich, haben diese Menschen die Sorge, die Aufmerksamkeit, die die Tiere bekommen, ginge ihnen vielleicht verloren. Es muss sich demnach um Leute handeln, die im Leben irgendwie zu kurz gekommen sind und zu wenig geliebt werden. Und das gönnen sie dann auch keinem anderen, schon gar nicht einem in ihren Augen „niederen Wesen". Solche Menschen sind zu bedauern. Trauernde Menschen sind zwar auch zu bedauern, aber auf eine ganz andere Weise, und ihr Schmerz geht irgendwann, zumindest zu einem großen Teil, wieder vorbei, die Gefühle, die Liebe in ihrem Herzen, die Fähigkeit zu lieben, die bleibt und ist sehr wertvoll. Seien Sie froh, dass Sie lieben - und trauern - können! Doch das eine geht nicht ohne das andere.

Kontaktadressen

Deutschland

Forschungskreis Heimtiere in der Gesellschaft
Postfach 13 03 46
D-20103 Hamburg

Hier kann kostenlos das Bilderbuch *Baffy* angefordert werden. Sie können dies aber auch unter der folgenden Telefonnummer: 018 05/33 45 45 für 0,24 DM/Min. Dort können Sie ebenfalls kostenlos die bereits zitierte Broschüre *Der Tod eines Tieres* bestellen.

Deutscher Tierschutzbund e.V.
Baumschulallee 15
D-53115 Bonn
Tel.: 02 28/6 04 96-0;
Fax: 02 28/6 04 96-40

Bund gegen Missbrauch der Tiere e.V.
Viktor Scheffel-Straße 15/0
D-80803 München
Tel.: 0 89/38 39 52-0;
Fax: 0 89/38 39 52 23

Bundesverband Tierschutz e.V.
Walpurgisstraße 40
D-47441 Moers
Tel.: 0 28 41/2 52 11-15 (-46);
Fax: 0 28 41/2 62 36

Bundesverband der Tierbestatter e.V.
Haddamshäuser Straße 33
35041 Marburg
e-mail: bvt-marburg@t-online.de
http://www.bvt-marburg.de

Hier finden Sie weitere regionale Kontaktadressen von Tierfriedhöfen, Tierbestattern und Krematorien.

Niederlande

Haustierkrematorium Beek
Middelweg 15
NL-6191 NC Beek
Tel.: 00 31/46 43 700 17
   45 40 421 04
   65 12 373 25

Österreich

*Zentralverband der
Österreichischen Tierschutzvereine e.V.*
Khleslplatz 6
A-1120 Wien
Tel.: 00 43/1/8 04 77 74

ÖKV – Österreichischer Kynologenverband
Johann-Teufel-Gasse 8
A-1230 Wien
Tel.: 00 43/1/8 88 70 92;
Fax: 00 43/1/8 89 26 21

Schweiz

Schweizer Tierschutz – Zentralsekretariat e.V.
Birsfelderstrasse 45
CH-4052 Basel
Tel.: 00 41/61/3 11 21 10

Schweizer Kynologische Gesellschaft
Länggassstrasse 8
Postfach 8276
CH-3001 Bern
Tel.: 00 41/31/3 06 62 62;
Fax: 00 41/31/3 06 62 60

Register

von Rechenberg, Brigitte:
Euthanasie bei Hunden und Betreuung der trauernden Tierbesitzer,
erschienen in: Hans G. Niemand/Peter F. Suter (Hrsg.):
Praktikum der Hundeklinik, Berlin: Parey, 9. neubearbeitete Auflage, 2001

Vennebusch, Thekla:
Der Tod eines Tieres. Eine Information für Tierhalter,
Hamburg: Waltham-Forschung Deutschland, 1998

Ludwig, Claudia:
Hunde aus dem Tierheim. Ein neues Zuhause für herrenlose Vierbeiner,
Niedernhausen: Falken, 2000

Ludwig, Claudia:
Ein junger Hund zieht ein, Niedernhausen: Falken, 1999

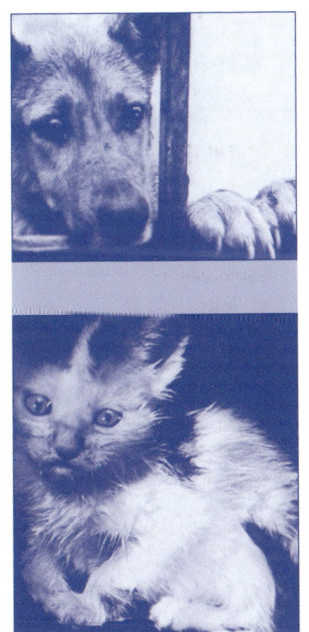

Claudia Ludwig

Tiere suchen ein Zuhause

Kinder brauchen Tiere

Info, Tipps und Geschichten
von der Schwangerschaft bis zur Schulzeit

Warum ein Baby kein Grund ist, ein Haustier abzuschaffen

„Wenn ein Baby kommt, müssen Hund und Katze weg!" so lautet das Urteil vieler Angehöriger und Freunde. Und sogar Gynäkologen und Kinderärzte sind nicht frei von der Vorstellung, dass sich Schwangerschaft bzw. Kinder und Tiere nicht vereinbaren lassen: Es könnte ja doch einmal etwas passieren.

Kinder und Haustiere unter einem Dach – kann das überhaupt gut gehen?

Claudia Ludwig, Moderatorin der erfolgreichen Sendung TIERE SUCHEN EIN ZUHAUSE im WDR, gibt in diesem Buch werdenden Eltern und jungen Familien viele Tipps zum Umgang mit Tieren für die Schwangerschaft und die Zeit danach. Mit viel Sachkenntnis und zugleich liebevoll informiert sie über mögliche und unmögliche Gefahren durch Haustiere in Familien mit Säuglingen und Kleinkindern.

Denn: Kinder lieben Tiere – und umgekehrt – und können viel von ihnen lernen.

Mit einem praktischen Glossar zum Nachschlagen der wichtigsten Fachbegriffe sowie Adressen und Ansprechpartnern zum Thema Kind und Haustier.

www.vgs.de